Paul Reding
Federn fallen leise

Geschichte einer Jugend
1942–1954

Herder Freiburg · Basel · Wien

Satz: F. X. Stückle, Ettenheim
Druck und Einband: Freiburger Graphische Betriebe 1979
ISBN 3-451-18254-8

Frühe Beobachtungen

Zu schnell gerät das in Vergessenheit,
was vor Jahren, was in den Jahren
dazwischen, zwischen Krieg und „Wirtschaftswunder",
wichtig genug war, unser
Selbst zu formen.
Es wurde vergessen, weil das „Für-
Heute-Leben" das Vergangene über-
rennt, es für unwichtig hält.
Gedankensprünge werden ausgelöst
während eines Gesprächs, während
einer Ortsbesichtigung. Wir sind
wieder da, wo die Familie zusammenhielt,
zwischen Fassade und Hinterhof,
zwischen den Menschen, die mit uns
gingen, mit uns litten, mit uns lachten.
Wir erinnern uns ihrer Weis-
heiten, wir fassen sie bei ihren Masken,
wir beobachten sie abgeklärt, wir
durchschauen sie. Vollziehen ihre
und unsere Schritte. Wir fangen
noch einmal von ganz vorne an.

Während aufwendige Fassaden sich hemmungslos der Schönseite des Lebens anbiedern, verstecken sie gleichzeitig alles andere, was ein Haus mitträgt, schubsen es weg, degradieren es zu Hinterhöfen. Aus ist es mit wallenden Tüllgardinen, mit sich spiegelnden Fenstern; es fällt ohnehin das Licht hier nur spärlich ein, weil An- und Überbauten, Stall und Schuppen die Helle reduzieren, sie aufsaugen. Trotz der ungewollten Enge bleibt Platz genug für Getier: Rhodeländer Leghühner, Stallhasen, rosa Ferkel, die im Halbschatten zur Schlachtreife heranwachsen.

Der Wind zwängt sich durch schmalste Einfahrten, bringt den Abfall mit, den Schmutz von der Happy-Side, nicht nur das Laub haushoher Kastanien.

In den Hinterhöfen sammelt sich das an, was noch brauchbar scheint, aber doch nicht so wertvoll ist, daß es als Verschlußsache gehütet werden müßte. Der eine ist auf Brennholz erpicht, hortet Wurzelstümpfe, der andere sammelt Flaschen jeglicher Couleur, jener Automotoren. Das Angesammelte nimmt beängstigende Ausmaße an, wird erst dann aufgeräumt, geordnet, wenn Großtanten, Onkel und Cousine ihren Besuch angesagt haben. Bestimmt wird sich der Onkel nach Kaffee und Kuchen ergehen wollen, möchte in einer Extra-Schau den strammen Rammler, das preiswürdige Leghuhn zu Gesicht bekommen.

In den Hinterhöfen finden streunende Katzen Unterschlupf, zeigen gelegentlich gutmeinenden Hausbewohnern ihre vor Wochen geborenen Jungen, halten aber Distanz.

Menschenkinder wachsen hier auf, unbeobachtet, manchmal aber doch ertappt bei sündvollem Tun. Böses versteckt sich in Nischen und Verschlägen, sucht Dunkelheit.

Fällt aber Licht hinein in diese seltsame Welt, dann enthüllen die Hinterhöfe ihr Paradies. Es blüht auf, was sonst verkümmerte, auch Spitzwegerich und Löwenzahn.

Auf ihren täglichen Expeditionen entdecken die Kinder zwischen dem Gerümpel allerneueste Verstecke, finden Latten und Gestänge, bauen Buden, decken sie mit Dachpappe ab.

Mit den Kindern sind auch die Spatzen unterwegs, sind eigentlich viel eher da, weil der Nistplatz unter der spröden Dachrinne gleichzeitig Ausguck ist, eine Perspektive erlaubt, die einmalig ist. Zwar kann das Gesehene erst dann untersucht werden, wenn die Flügel gewachsen sind, aber die Ansprüche eines Entdeckers bleiben bestehen. Aus kurzen Ausflügen werden bald riskante Unternehmungen. Es geht hinauf bis zum Dachfirst. Die Schönseite wirbt, lädt ein zu einem Weitflug, verstärkt den Zwiespalt zwischen Geborgenheit und Licht. Mit der Weite mehren sich die Gefahren. Das Draußen strengt an, verbraucht Kräfte. Müde geworden kehren die Tiere zurück zu ihrem Nest, recken sich, kuscheln sich ein in den Traum von der großen weiten Welt. Morgen ist ja auch noch ein Tag.

Das Haus hatte eine Fassade aus feinem hellgrauen Putz. Kleinere Verzierungen in Jugendstilmanier lassen vermuten, daß entweder Architekt oder Bauherr Sinn für Künstlerisches gehabt haben mußten. An der Frontseite überragte ein Scheingiebel das schwarze Ziegeldach. Puppenähnliche Zementformen ließen den Eindruck von Überfluß und Wohlhabenheit aufkommen. Der Putz umstülpte dennoch nur knapp einen halben Meter weit die Mauerkanten, dann türmten schmutzigrote Ziegel die Giebelwände auf. In Stockwerkshöhe schnürte ein Abflußrohr wie ein Gürtel die Wand ein. Es verband die beiden Regenrinnen miteinander, ersparte Kosten. An dieser Seite befand sich der eigentliche Hauseingang. Darüber und höher noch unterbrachen je eine schmale Fensteröffnung das Ziegelraster. Ein anderer Eingang lag nach hinten heraus direkt an der Hauskante, zwei Stufen hoch. Die Rückwand des Hauses konnte bei weitem nicht mit der Fassade konkurrieren; die Ziegelsteine waren noch schmutziger, noch brüchiger. An einem kleinen Anbau lehnten sich Stallungen. Er war das Bindeglied zwischen menschlicher Behausung und dem Reich der Tiere. Der schlauchähnliche Innenhof weitete sich zu einer größeren Fläche, weil rechtwinklig zu den Ställen noch die Toiletten lagen. Ein Steinpodest sorgte für gleiches Niveau der Benutzer, die wie auf Königsthronen saßen.

Schließlich gab ein schmales Törchen nur Befugten den Weg in Familie Murchaus Garten nebenan frei, den ein Lattenzaun vom Gesamtgrundstück abtrennte. Mit den Klos, den Ställen, dem Anbau wiederholte sich auf der gegenüberliegenden Seite alles, aber spiegelverkehrt.

Das Nachbarhaus war fast gleich bis auf die zusätzlich verputzte Giebelwand und die weißen Dachrinnen. Hinter den Ställen stülpten sich zum Garten hin die Kaninchenpferche auf. Die Hühnerausläufe mit ihren Drahtverhauen waren die letzten starren Bauelemente.

Murchaus Vorfahren hatten Spalierbäume gepflanzt. Im Nachbargrundstück wuchs nur Gemüse, meist Grünkohl für die Hühner.

Die beiden sorgfältig gezimmerten Lauben glichen sich keinesfalls. War die drüben nur rechteckig konzipiert, ähnelte die Murchausche Laube einem achteckigen Lustschlößchen. Hier lebte Frau Murchau sommertags, putzte Gemüse, strickte mit ihrer weißhaarigen Mutter um die Wette. Ketten von Flaschenböden umrandeten die einzelnen Beete. Es entstand der Eindruck, als hätten die Menschen allein aus diesem Grund getrunken. Buschwerk verhinderte den Blick in die angrenzenden Schrebergärten der Bergleute, schluckte ausdauerndes Hundegebell und gelegentliche Wutausbrüche verärgerter Gärtner.

Der Junge sprang von der untersten Stufe, landete glücklich, stieg wieder hinauf, diesmal bis zur zweiten, sprang wieder, kam gut an, braunrote Aschekugeln rollten davon.

Jetzt sprang der Junge nicht mehr, ihm fiel ein, daß seine Mutter es nicht gern hatte, wenn auf der Seitentreppe gespielt wurde. Aber diese Treppe war bestes Spielgerät, als hätte der Architekt weise voraussehend schon an Kletterstangen gedacht, ehe Jahrzehnte später Psychologen solche von den Bauherren per Gesetz forderten.

Nicht Mutter hatte das Spielen verboten, sondern die Hauswirtin, und die hatte das Sagen.

So blieb ungenutzt, was sich fünf Stufen emporzog mit gußeisernem Gitter. Schuld daran war auch die verschlossene Tür. Nur bei Hochzeiten und Sterbefällen tat sie sich auf. Und alle vierzehn Tage öffnete Mutter das Portal, um es gründlich zu reinigen.

Nach halsbrecherischem Stuhlklettern erreichte die Frau mit einem alten Wischlappen drei kleinere Fensterchen oberhalb des Türrahmens, putzte das grüne Ornamentglas, dann die Türfüllungen und die Rahmen, schüttete schließlich das Wasser die Stufen hinunter, schrubbte emsig, manchmal beobachtet von einem Menschengesicht aus dem oberen Fenster.

Mit kräftigem Ruck schloß sich die Tür wieder für vierzehn Tage. Während auf der gegenüberliegenden Seite der Eingang tagtäglich seine Funktion erfüllte, blieb diesseits ungenutzt, was gerade zu Erleichterung der Einwohner hätte dienen sollen.

Auf der Nachbartreppe mochte der Junge nicht spielen, der Ort war ihm fremd. So wie Hunde und Katzen nur ungern die Reviere der anderen durchstöbern, und da solches Eindringen doch nur Ärger und Bißwunden mit sich bringt, verzichtete der Junge auch auf Sprünge gegenüber.

Er steckte seine Hände in ausgebeulte Hosentaschen,

beugte sich hinunter zu dem viereckigen Loch unterhalb der Treppe.

Kaputte Dachziegel lagen in pulvertrockener schwarzgrauer Erde. Daß sie trocken war, merkte der Junge schon, als er mit den Füßen eine Ziegelscherbe weiterrückte. Ganz hinten in der Höhle ließ ein schmutziges Fenster Reste des Tageslichts hinein in den Kellergang. Alle Scheiben hatten Sprünge. Dieses Verlies mußte er sich merken, es war ein gutes Versteck. Der Junge streckte sich, gähnte gelassen, machte kehrt, so wie er es im HJ-Heim ein paar Steinwürfe weit oft genug gesehen hatte, marschierte als Einmannkompanie seinem neuen Ziel entgegen, zum Heim.

Unterwegs fragte sich der Junge nach seinem Namen: Peterpaul. Die anderen in der Straße hießen Hermann oder Adolf oder Joseph. Keiner hieß Peter oder Paul. War er etwas Besonderes? Sollte er stolz auf diesen Namen sein? Weißrotes Fahnentuch an schlanken Masten verwehte seine Gedanken. Bügelfalten zerschnitten das Hakenkreuz. Das Tuch war sauber, genauso sauber wie das Heim und seine Umgebung.

Der Junge machte mit knappem Schlag Halt, soldatisch perfekt, stieß aber mit einem Zeh, der neugieriger als alle anderen aus dem zerschlissenen Oberleder linste, gegen die Mauer. Der Junge verzog sein Gesicht. Es tat verflixt weh. Er hätte weinen können, unterdrückte die Tränen, wollte Mann sein wie sein Vater, der hatte noch nie geweint.

Scharfe Kommandos lenkten vom Schmerz ab: Links, zwo, drei, vier, links, zwo ... Eine Gruppe Vierzehnjähriger marschierte um das Gebäude. Knapp saßen die schwarzen Hosen, an den khakifarbenen Hemden waren die Ärmel so hoch aufgekrempelt, daß sie fast die Abzeichen verdeckten. Die Kragen, die geöffnet waren, und die Zipfel der schwarzen Halstücher wippten auf und ab.

Der Junge kniete sich vor der Mauer nieder, stützte seine Ellbogen auf, hatte ein gutes Blickfeld.

Die Gruppe Jugendlicher verschwand hinter dem Haus. An der Stimme merkte Peterpaul, daß ein anderer das Kommando übernommen hatte. Der Schatten des Rundturms gab kurz darauf die Marschierer wieder frei. Alles sah gekonnt aus.

Schon längst hatte er Bernd entdeckt. Er marschierte vorn. Seine Haare waren nicht so glatt gekämmt wie die der anderen; Locken ließen sich nicht so einfach bändigen.

Er trug eine Kordel an der linken Schulterklappe, wie auch ein paar Jungen neben ihm. Noch ehe die Gruppe ein weiteres Mal um das Haus marschierte, wußte der Junge hinter der Mauer, daß Bernd die Befehle gab, die Kommandos kamen noch klarer, noch energischer.

Peterpaul winkte hinüber, aber sein Bruder sah geradeaus.

Das Kommandieren hatten sie im HJ-Heim gelernt. Rhetorisch exakt vermochten sie sich auch draußen anzuschreien. Sie waren die Überlegenen, wenn sie kommandierten, unterlegen, wenn sie die Befehle ausführten. Unterlegen war der Freund dem Freund, der Bruder dem Bruder. Es machte Freude dazusein. Es ließ sich leben in kratzfreier Manchesterhose und derbem Braunhemd, und übereifrig wollte jeder schneller sein als der andere, wollte noch weiter springen als der Nebenmann. Die Trillerpfeife spornte an, verleitete aber auch zur Unkameradschaftlichkeit. Die Jungen wuchsen über sich selbst hinaus.

Noch heulten die Sirenen probeweise. Am dämmrigen Horizont rollten grüne und rote Leuchtkugeln vorüber, beendeten die Geländespiele an den Kanalböschungen, die Spiele mit den Platzpatronen.

Der alte Karabiner an der Wand über dem lindgrünen Bettgestell zeigte nach draußen. Vom Flugmodell nebenan war der Krapplack abgeplatzt, Cellophan-Papier überdeckte die Farbmacken.

Auf dem Bett lagen Hefte und Bücher, verrieten eine Schülerbehausung. Hemdsärmel baumelten aus einer halboffenen Kommodenschublade herab auf ein Paar ausgetretene Sandalen.

Geräusche von aneinanderklackenden Metallteilen gelangten durch den Spalt des Oberlichts gedämpft in den Raum.

Bernds Fahrrad stand kopf zwischen den Ställen. Der Schüler wischte mit der einen Hand Rostflecke von den lehmverschmierten Felgen, die andere hielt eine Karotte. Gelegentlich biß er hinein, kaute gemächlich. Unter dem Rad vergrößerten sich die Ölflecke auf den Ziegeln. Die Kette glänzte fettig, auch die Speichen. Das Rad hatte Mutter per Annoncenangebot für fünfzig Reichsmark gekauft, Bernd brauchte es nötig für seinen Schulweg nach Mengede.

Im Stall hinter ihm rammelte ein Bock ausdauernd. Hinter einer anderen Mauer gackerte ein Huhn erleichtert darüber, daß es ein Ei gelegt hatte.

Bernd machte jetzt eine Probefahrt, trat feste in die Pedale, warf dann die Beine blitzschnell zurück. Vor dem Steinpodest gegenüber hielt er an, das Rad zog eine dunkle Spur hinter sich her.

Aus dem Fenster von oben verflogen sich die Reste eines Marienliedes, über einen Berg Schnippelbohnen hinweg von Frau Murchau in die Welt gesungen.

Feldgendarm Kusma kehrte vom Dienst heim, grüßte, grüßte lässig, indem er die Hand müde zur Mütze führte, löschte die Karbidlampe seines Herrenrades. Seine Uniform war neu, die Bügelfalte seiner Hose hatte die Dienstzeit ohne Schaden überstanden.

Aus dem Graben rannte eine Ratte gegen die Verlattung des Zauns. Bernd warf die Luftpumpe hinterher, traf aber nicht, das Tier hatte bereits den Zaun erreicht.

Während der Junge das Werkzeug in das Regal im Stall zurücklegte, dachte er an Ingeborg, an ihr schickes schwarzes Haar, wünschte sie sich herbei, hörte gern ihr Lachen. Die Geschichtsarbeit morgen würde gut ausfallen. Geschichte lag ihm.

Er warf eine Handvoll Sand auf die Ölflecke, verriegelte die Tür, ging in den Vorbau, in die kleine Küche.

Mutter machte Bratkartoffeln. Es roch gut. Der schlaksige Junge ließ sich in einen der Rohrstühle fallen, das Geflecht ächzte. Die blumenbestickten Kissen verloren die dicken Bäuche, er hatte sie nicht vorher weggeräumt. Bernd zog die Schuhe aus, warf sie unbekümmert zur Seite. Mit schmutzigen Händen griff er den Stadtanzeiger, überflog einige Artikel, las sich fest im „Gebet“ des Führers: „... Nein, Herr, das deutsche Volk ist wieder stark in seinem Willen, stark in seiner Beharrlichkeit, stark im Ertragen aller Opfer. Herr, wir lassen nicht von Dir! Nun segne unseren Kampf um unsere Freiheit und damit unser deutsches Volk und Vaterland!“ Bernd dachte an die heiligen Kriege, die genauso ihre Toten forderten wie die anderen, die schmutzigen. Da beruft sich einer auf Gott, um andere zu unterwerfen.

Er stand auf, wusch sich die Hände über dem gußeisernen Becken. Emaille war an den Rändern flinsenförmig ausgebrochen. Die Seifenspritzer setzten sich in der grobgemusterten Gardine fest. Mit nassen Händen ließ der Junge das Rollo hinunter, trocknete danach seine Hände am dünngewaschenen Handtuch ab. Mutter hatte die Teller gefüllt. Er aß heißhungrig auf, was schon vorher lecker gerochen hatte. Die Frau wischte sich den Schweiß aus dem erhitzten Gesicht, das rotwangig wie ein Apfel aussah.

Bernd griff in seinem Zimmer nach dem aufgeschlagenen Buch, suchte den Titel einer Illustration, blätterte weiter, fand die Stelle wieder, auf der sich Passepartout zu allem bereit erklärte und die Erlaubnis erhielt, bis Hongkong mitzufahren. Bernd versank in eine Reise um die Welt in achtzig Tagen.

Gegen elf klopfte die Frau an die Tür, sie ging zu Bett. Er murmelte Unverständliches gegen die Wand, zog schließlich am Schalter. Für einen Moment war alles tiefschwarz, dann merkte Bernd, daß die Kokerei abfackelte. Das Stückchen Himmel jenseits des Oberlichts war glutrot.

Peterpaul weinte im Schlaf, wurde wach. Die Frau versuchte ihn vom Bett aus zu beruhigen, schaute dabei auf die phosphorbemalten Zeiger des Weckers. Halb eins. Jetzt wäre ihr Mann vom Kino heimgekommen, nach dem Abspulen der letzten Rolle von „Quax der Bruchpilot", nach dem Aufräumen. Hätte ihr sicher noch von Rühmanns tollkühnen Fliegerkünsten erzählt, wäre dabei zu ihr ins Bett gekrochen. Aber ihr Mann lag in Meppen-Hasebrücke, war vor Wochen eingezogen worden.

Rauchschwaden füllten die niedrige Waschküche. Unter dem runden Kessel bullerte es beängstigend. Das Holzfeuer erinnerte an Pimpfenlager. Im Kessel kochte die Wäsche bereits. Als die Frau den Deckel abhob, schmeckte es im kleinen Raum nach Seifenlauge.

Die Bettücher in der löwenbeinigen Maschine waren längst durchgezogen. Die beiden ersten Portionen wollte Bernd schwängeln, das hatte er versprochen.

Der Radius des Schlegels war auf Armlänge begrenzt. Mit der Armbewegung schob sich der Holzbalken vor und zurück. Im Holztrog bullerten vier Holzkeile gegen die

Tücher, prügelten sie durch. Bläue aus winzigsten Döschen wirkte prompt, die Laken wurden schneeweiß.

Bernd arbeitete mit der rechten Hand, in der linken hielt er ein Rechenbuch. Wassertropfen hatten den Umschlag besprenkelt. Der Junge murmelte Formeln vor sich hin, ohne ins Buch zu schauen: „... Die Scheitel aller Winkel von bestimmter Größe, deren Schenkel durch zwei Punkte gehen, liegen auf dem Kreisbogen, der ...“ Die Frau stocherte in der Glut des Brennkastens, legte frisches Holz ein. Funken sackten in den Aschenkasten. Beißender Qualm ließ ihre Augen tränen, ehe er sich mit den Wasserdampfschwaden langsam, dann doch schneller dem winzigen Kellerfenster zuwälzte, um sich draußen mit dem Frühnebel zu vereinigen.

Der Blick der Frau überflog gleichzeitig mit den Kopfbewegungen das neueste Waschmaschinenmodell von Frau Murchau. Signalrot leuchtete der Wassermotor herüber. Eine silbrige Wringmaschine hielt zwei neue Kautschukrollen fest, ein Modell nur für Hausbesitzer, des hohen Wasserverbrauchs wegen.

Bernd steckte das Rechenbuch zurück in seine abgeschabte Tasche, zog den kleinen Hebel über dem Deckel weg, versuchte ihn anzuheben. Ein Tuch hatte sich in den Keilen verfangen, er löste es mit einer Holzklammer ab, die hornähnlichen Schlegel waren jetzt frei. Aus den Stoffwürsten quoll bläuliches Wasser. Nach dem Wringen trug er alles nach oben. Er mußte zur Schule.

Daß Ingeborg schon gefahren war, merkte er an der offenen Gartentür. Er strampelte heftiger, sicher holte er sie noch ein auf der Strecke Richtung Dortmund. Die Häuser wurden heller, je mehr er der Rußglocke entfloh. Fachwerkhäuser und Wiesen lagen vor ihm. Am Straßenrand tummelten sich Immenkäfer in den Dolden von Engelwurz und Bärenklau, die kannte Bernd seit der letzten Biologiestunde.

In der Tasche rappelte das Lineal. Nach einer scharfen Kurve gaben Krüppeleichen die Sicht bis zur nächsten Biegung frei. Weit vorn sah er jetzt Ingeborg. Aber sie war nicht allein; Gerd war bei ihr. Enttäuscht ließ Bernd das Rad auslaufen. Als er weitertrampelte spürte er auf seinem Rücken das nasse Hemd. Ein hartnäckiger Pfiff versuchte den Jungen abzulenken. Aus üppigen Schwaden heraus schob sich eine Lokomotive mühsam vorwärts. Wie Nadeln durchstachen Panzerrohre die Nebelballen, gelegentlich wurde für wenige Momente ein Panzer ganz sichtbar.

Zwischen blaugrauen Mergelaufschüttungen klackten Loren aneinander. Männer in schmutzigen Anzügen schoben sie bergan. Oben auf der Anhöhe ließen Stacheldrahtverhaue gerade genug Platz für die Wagen. Der Junge saß an der Grabenkante bei Ribbert. Seine Mutter besorgte Eier. Zuerst war er bei den Bienen gewesen, hatte das rastlose Durcheinander vor den bunten Flughöhlen bestaunt, dann aber lockten ihn die gegeneinanderschlagenden Teckelwagen an. Er spürte jetzt, wie morsch das Brett war, auf dem er saß, blickte dennoch gespannt hinüber zu den gebeugten Gestalten, die sich den eisernen Wagen entgegenstemmten. Manche von ihnen trugen Tücher auf ihren Köpfen, andere blickten mit kahlgeschorenen Häuptern hinaus zu ihren Kameraden. Die meisten Gesichter waren ausgezehrt. Der Junge spürte Mitleid aufkommen, unterdrückte es aber, als er die harten Kommandos hörte: „Dawai, dawai“ und „Rabotti, rabotti!“ An dem Drahtverhau stand ein Aufpasser mit Gewehr, ein anderer steckte ein paar Aufschüttungen tiefer hinter einem Gebüsch, war kaum zu erkennen, weil ihn die Dunstschleier des Emscherbruchs verschluckten. Nur seine Stimme klang brutal und quälend.

Gelegentlich fixierten die Blicke der Gefangenen das friedliche Bauernhaus, sahen den Jungen am Straßenrand aber nicht. Die Gesichter waren unrasiert, manche Männer hatten Schaum zwischen den Lippen, andere putzten sich mit dem Ärmel die Nasen trocken. Sie hechelten nach Luft, besonders dann, wenn sie die vollbeladenen Loren bergan schoben. Der Posten oben rauchte jetzt, warf eine Zigarette zu dem hinüber, der mit einer Kette über den Schultern bei jedem Gespann mithalf, das schwierigste Hindernis – die Anhöhe – zu überwinden. Auf einem anderen Gleis polterten leere Wagen hinab. Die Männer standen in den Loren, genossen diese Freifahrt, lachten, stießen sich dabei an, riefen wie Kinder Unverständliches zu den anderen hinüber.

Sehr gern wäre der Junge mit ihnen hinuntergesaust. Hinter der Bodenwelle verstummten die ausgelassenen Rufe, die Männer waren ausgestiegen, bewegten wieder müde ihre Fuhre voran, getrieben von den Kommandos des anderen.

Es nieselte leicht. Vom Kastanienbaum purzelten Tropfen herab, fielen mit Geraschel ins Gras. Die Lorenschieber zogen die Jackenkragen noch mehr ins Gesicht, beugten sich noch weiter hinab, als würden sie gleich das Eisengerippe des Teckels küssen.

Der Junge erschrak, als einer der ausgelaugten Gestalten seinen Arm anhob und zu ihm hinüberwinkte: „Du komm herrr!“ Der Junge war ratlos, sprang auf die Füße, lief achtlos an den Bienenstöcken vorbei nach hinten. Das „Du komm herrr“ verfolgte ihn noch, leiser geworden, bis es enttäuscht aufhörte.

Die Sirenen heulten längst nicht mehr zur Probe, rissen auch nachts unbarmherzig Menschen aus ihrem Schlaf. Noch gaben die Keller Schutz. Hausbewohner lauschten auf Hockern und ausrangierten Stühlen auf das Rumoren in der Luft, auf das dumpfe Grollen. Vom Kanal her mischten sich die Geräusche der Flakgeschütze ein. Das emsige Rattern trieb manchen Angreifer zurück. Brach dennoch eins der Flugzeuge durch, zog der Junge die Decke über seinen Kopf, um das Dröhnen abzuschwächen.

Decken und Tücher waren klamm. Der Geruch von Seifenlauge hatte sich in ihnen festgesetzt.

Stickiger und wärmer waren die Bunker in der Stadt. Der Weg dorthin war umständlicher, und oft genug griffen Scheinwerferfinger bereits in den dunklen Himmel, suchten ihn ab nach Feinden.

Die Kokereien hatten dichtgemacht. An manchen Stellen waren die Straßen aufgerissen, forderten der Frau besondere Fahrkünste ab: sie war mit dem Kinderwagen unterwegs, hatte darin das Notwendigste verstaut: Sparkassenbücher (die niemals mehr als 50,- RM aufwiesen, auch nie unterschritten, weil sie festgeschrieben waren auf Peterpaul), Papiere und ererbten Schmuck, nicht wertvoll, aber immer blank geputzt.

Mit den Betonstufen zogen sich dicke Rohre in die Tiefe, zerrten schmale Wasserleitungen mit. Die niedrigen Decken lasteten schwer auf den Schutzsuchenden. Die Matratzen in den übereinandergestapelten Feldbetten waren nicht sauber. Pinkellachen von hastig aus dem Schlaf gerissenen Kindern, Seiber von kränkelnden Alten, Wasser aus undichten Heizungsrohren hatten sie fleckig werden lassen.

Die Lüftung hatte wohl nie gearbeitet. Menschengeruch stand im Raum, Geruch von ungewaschenen Schlüpfern, von Schweiß, von fauligen Zähnen. Alte Frauen beteten den Rosenkranz, Greise murmelten vor sich hin, Kinder plärrten, konnten nicht einschlafen. Im Gang schlugen die schweren Türen in die Verriegelungen, Zuspätkommende verloren in der Eile ihre Gepäckstücke, die hinunterpolterten, dabei aufplatzten und ihren Inhalt verstreuten. Das leise Beben des Betonriesen machte angst.

Spröde flackerte das Licht in seinen Drahtgittern. Frauen hatten ihre Strümpfe mit Einmachringen festgezurrt. Ihre weißlichen Schenkel wurden sichtbar, wenn mit den Bewegungen der Rock verrutschte. Schimmelig geworden war der Kalkanstrich, Armierungseisen hatten Rost angesetzt. Endlich schlief der Junge ein. Den roten Lichtpunkt über seinem Bett nahm er mit in seinen unruhigen Schlaf.

Später gaben die Sirenen Entwarnung. Herzloses Aufwecken, nach oben taumeln, den Kinderwagen finden.

Die Lichtkegel waren zur Ruhe gekommen, sackten schließlich in sich selbst zusammen. Die Kokereien arbeiteten jetzt mit Nachdruck. Wie ein rotes Tuch sah der Himmel aus. Die Frau dachte an ein Strafgericht Gottes. Der Junge lag nun im Kinderwagen, die Beine angewinkelt, den Kopf ohne Halt. Die Häuser waren noch dunkel, nur ein paar Flure erleuchtet. Nach und nach kehrten ihre Bewohner heim. In einer Seitenstraße kämpften Männer gegen die Flammen eines getroffenen Hauses an. Pech gehabt.

Schweigsam legte die Frau Peterpaul ins Bett, dann deckte auch sie sich zu.

Den Bürgerhäusern an der nahen Römerstraße gegenüber standen die schwarzen Baracken. Die Mieter dort lebten unbekümmert, manche tranken gern. Gelegentlich gab es Prügeleien und Stichwunden. Die in den Bürgerhäusern sagten dann: „Pack schlägt sich, Pack verträgt sich auch wieder.“

Ab und an wurde an den schlanken Platanenstämmen ein rotes Tuch gehißt, als Zeichen der Opposition. Die Polizei machte diesen Akten des Aufruhrs schnell ein Ende, nahm kurzerhand die Aufwiegler mit.

Wenn der Junge in die Nähe der Baracken kam, war er auf der Hut. Nicht selten schnellte aus der dichten Hecke gerade dann ein Stock hervor, wenn die Beine eben das Tempo gesteigert hatten. Die Übeltäter jenseits der Büsche aber waren bereits untergetaucht. Der Junge reinigte das gekaufte Brot von Ascheresten, spuckte auf die Hautabschürfungen an den Knien, nahm sich vor, beim nächsten Gang nur noch die andere Straßenseite zu benutzen.

Heute wunderte er sich über den weißgekleideten Mann auf einem ebenso weißen Hocker. Der Mann aß gemütlich sein Butterbrot, nahm zwischendurch einen Schluck aus einer Bierflasche, machte aber gleich den Schnappverschluß wieder zu.

Die Sonne warf kaum Schatten unter den Hockenden, sie stand im Zenit, so hatten Vorübergehende den Eindruck, als wäre der Mann mit seinem Stuhl verwachsen, ähnlich wie die Zentauren mit einem Pferdeleib. Nur die dickliche Frau störte das Pausenbild. Unaufhörlich redete sie auf den Sitzenden ein, während ein kleiner Mann im Barackeneingang lehnte und schwieg.

Die Wohnungen waren einzusehen, vielleicht war das der Grund für die Schimpferei. Sämtliche Fenster lehnten draußen an der Hecke, waren frisch lackiert, ganz weiß.

Ein verschmutztes Kind ohne Hose kroch an der zeternden Frau vorbei, wühlte in der Asche, warf eine Handvoll gegen die Fenster. Der Mann auf dem Hocker ließ erschrocken sein Brot fallen, sprang auf – der Hocker ließ ihn doch frei – griff sich das Kind. Es klatschte. Das Kind schrie so, als würde es umgebracht. Der Anstreicher ließ es los, es verschwand unter einem Gebüsch. Die Stimme der Frau überschlug sich, kreischte auf. Zu dem kleinen Mann im Türrahmen gesellte sich noch ein anderer mit einem Buckel, beide grinsten. Die zornige Dicke stampfte auf, bückte sich blitzschnell, hatte Steine in der Hand. Scheiben klirrten. Wo sich vorher Sonne spiegelte, klafften bizarre

Löcher. Die beiden in der Tür grinsten nicht mehr. Die Frau begriff, was sie angerichtet hatte, wurde still, weinte jetzt. Der Mann im weißen Anzug sprach von Nachspiel, griff sich das Rad. Die Frau lief hinterher, wollte ihn zurückhalten, schluchzte dabei noch beklagenswerter.

Beinahe wäre Bernd mit Ingeborg zusammengestoßen, als er mit der Afrika-Karte unterm Arm um die Flurecke bog und der Tür zu seiner Klasse zusteuerte. Ingeborg blieb verdutzt stehen, lachte aber, als sie Bernd erkannte. Der Junge hätte ihr am liebsten aus Zuneigung einen Klaps auf die Schulter gegeben, ließ es aber sein, weil er nicht wußte, wie sie reagieren würde, sagte deshalb nur „Hallo, Inge“ – er betonte das „Hallo“ englisch. Dabei stellte er sich so hin, daß sie den aufgedrückten Pickel an seinem Hals nicht sehen konnte. Inge antwortete ebenfalls mit englischer Betonung, übertrieb aber bewußt. Ihre Stimmen hallten in den Rundbögen des Treppenhauses wider. Oben in den Fluren vermengten sich die Lieder „Wenn ich ein Vöglein wär ...“ und „Here we go round the mulberry bush ...“. Zwei Klassen wetteiferten lautstark miteinander.

Bernd fragte das Mädchen gerade, ob es heute nachmittag zum Schwimmen an den Kanal käme, da öffnete sich nebenan die Tür und ein Schüler mit hochrotem Kopf trat in den Flur, blieb draußen stehen, wohl zur Strafe. Das Mädchen lächelte nur, gab aber keine Antwort, bog mit ihrer roten Schultasche in den Seitenflur ein. Bernd schaute ihr nach; er beachtete den dicklichen Jungen nicht mehr, als er an ihm vorüberging.

Als Bernd das Surren der Schiffschraube über sich hörte, hatte er für einen Moment Angst, tauchte aber weiter, erreichte die Eisenrammen, ließ sich nach oben gleiten. Er griff in die Sprossen der Leiter, zog sich nach oben. Auf der Spundbohle war die Zahl 36 aufgepinselt. Bernd warf mit einer knappen Kopfbewegung die nassen Haare zurück, schlang sich das blaukarierte Handtuch über Hals und Schulter. Der Schlepper war weitergetuckert, die Wellen klatschten nur noch unregelmäßig gegen die rostige Wand. Der Junge trocknete sich ab, trotzdem tropfte es noch aus der Dreieckshose, Bernd suchte sich einen Spalt Sonnenschein zwischen den bizarren Schattenfiguren der Pappeln aus, machte ein paar Liegestütze, ließ sich auf den Bauch fallen.

Auf dem Leinpfad der anderen Seite schnaubte eine Gruppe Pimpfe entlang. Das Getrampel scheuchte ein Kaninchen auf. Im Zickzack verschwand das Tier in den Niederungen des alten Emscherlaufs. Hinten an der Brücke stoppte die Gruppe, die Jungen zogen sich an, stolperten die Bruchsteintreppen hinauf. An der wuchtigen T-Schiene auf der Brücke las Bernd die Worte: „JUDEN RAUS", das „N" war verkehrt herum aufgestrichen worden. Hinter den Verstrebungen der Brücke taumelten graue Fesselballons in der Luft. Sie sollten das wichtige Hebewerk vor Flugzeugangriffen schützen. Alles sah so friedlich aus, als lüden die Ballons zu einer Ruder-Regatta, zu einem Schrebergartenfest ein mit Würstchen und Bier. Aber die beiden Worte am Brückenbogen störten.

Die Nachmittagssonne tat gut, wärmte nach innen.

Bernd wußte, daß seine Schulkameraden bei „Hellas" tobten, wollte aber nicht hin. Vielleicht würde Ingeborg doch noch kommen.

In die Flanke des gegenüberliegenden Hauses war eine Fliegerbombe eingedrungen, hatte sich an der Mauer entlanggeschrappt, lag tief im Boden, bereit, jeden Moment loszugehen.

Im Laufe des Vormittags sperrten Polizisten das Gebiet ab, forderten die eingekreisten Anwohner auf, die Häuser zu verlassen.

Wieder griff die Frau Sparbuch und Ausweis, vergaß das Familienbuch, packte eine rote Geranie – von denen sie drei auf der Fensterbank stehen hatte – mit in die Einkaufstasche, band sich ein gestreiftes Kopftuch um und machte sich auf den Weg zu ihrer Mutter nach Henrichenburg jenseits der Emscher.

Peterpaul kroch unter den rotweißen Absperrungen hindurch, die Frau machte einen Umweg.

Männer in grauen Stahlhelmen hatten bereits Rasenplakken aufgehäuft, machten sich jetzt mit Schaufeln und Spaten an das Mutterbodenviereck, als würden sie ein Massengrab herrichten. Wer aber grub schon solche Gräber?

Bei Biersack hinterlegte die Frau einen Zettel für Bernd, der in der Nacht Bereitschaftsdienst hatte, um mit Sand und Feuerpatsche Chemie- und Physikraum unter dem Schuldach vor Phosphor und Brandplättchen zu schützen.

Schon vor der Emscher sah es aus wie im Münsterland. Schmucke Gehöfte lagen auf weiten Wiesen. Vereinzelte Mietshäuser hofften vergeblich auf Nachbarbauten. Ein schmaler Bach floß gemächlich unter der Straße her. Der Junge hüpfte über weißkragige Basaltblöcke. An einem Baum in der Kurve war Rinde weggeschabt. Aus der frischen Wunde blutete noch der Stamm, gebliebenes Kainszeichen eines wenige Tage zurückliegenden tödlichen Motorradunfalls.

Das Haus der Hohenkampstraße 4 hatte eine ähnliche Fassade wie das Murchausche Haus mit ebenso dunklem Flur und hölzernem Treppenhaus. Auch hier öffnete sich der Eingang für Besucher nur hinten heraus. Großmutters Zimmer erhielt wenig Licht, obwohl das Rundbogenfenster von außen mehr Helle versprochen hätte.

Die alte Frau umarmte die Ankömmlinge. Die Augen in ihrem faltenreichen Gesicht glänzten vor Wiedersehensfreude. Peterpaul versank in den vielen Kissen auf dem Ledersofa mit zwei Löwenköpfen aus Messing an den Lehnen. Seine Mutter setzte sich auf einen der drei Stühle. Großmutter stellte Wasser für Kaffee auf, schob den Topf mit den Kartoffeln von der Herdplatte, weil sie noch einige hinzuschälen wollte.

Während die jüngere Frau der alten den Grund des Kommens nannte, wanderte der Blick des Jungen hinauf zu den Abrundungen der Decke. Vier langhälsige Schwäne versuchten der Blumengirlande in der Mitte des Raums entgegenzufliegen, kamen aber nicht los, weil der Pinselstrich des malerisch begabten Onkel Theo sie vor Jahren dorthin verbannt hatte, wären sicherlich auch sonst nicht losgekommen, denn die dicken Leiber wurden nur durch spuchtige Flügelchen getragen.

Ziegenmeckern und das Blöken einiger Schafe lockten den Jungen nach draußen in eine freie Welt. Er genoß sie für wenige Tage.

Noch zwei Tage gruben die Männer nach der Bombe. Beängstigende Ausmaße hatten die Sandberge erreicht. Alles Suchen blieb ohne Erfolg; der Blindgänger war vom Fließsand verschluckt worden.

Die Frau spielte mit dem Gedanken, für ihren Kaffee-Ersatz-Abschnitt 25 Gramm Schwarzen Tee zu verlangen, ließ den Gedanken aber gleich wieder fallen. Sie dachte an Frauen in Pelz, an Überfluß und an den Tee aus Ceylon oder Australien. „In der Nacht haben sie die alte Frau Nathan vom Tabakgeschäft abgeholt“, flüsterte ihr die Frau zu, die mit ihr zur gleichen Zeit den Laden betreten hatte. Sie hielt dabei ihre Hände trichterförmig vor Mutters Ohr. Wohin sie gebracht wurde, wußte auch sie nicht, das wußten alle nicht. Die Abgeholten kehrten nicht zurück.

Ein paar junge Frauen alberten. Fragte die eine zur hinter ihr Stehenden, was es denn bei ihnen zu Mittag gäbe? Die andere antwortete genauso laut, mit korrekter Betonung und einem spitzen Mund, wie sie es sich von den feinen Damen in den Filmen abgeschaut hatte: „Na, klar doch meine Dame, Wehrmachtsberichte in vielen Variationen."

Die im Laden erschraken. Nicht alle. Einige lächelten ironisch, andere taten so, als hätten sie gar nicht zugehört im Kolonialwarenladen von Smulders. Das war versteckte Kritik am Krieg! Mutter wußte, daß die Berichte in den Zeitungen nur Siege nannten. Überall nur Siege: Feindbomber vernichtet, etliche Zerstörer des Gegners versenkt, die Raumenge Deutschlands durch die Wehrmacht gesprengt. Die Kriegskrüppel brachten andere Nachrichten mit: Tausende toter Soldaten, deutscher Soldaten. Öffentliche Kritik konnte den Tod bedeuten. Schweigen war besser, sicherer.

Die Frau bekam ihre gesamte Ration von 700 Gramm Marmelade der 22. Zuteilungsperiode, legte den Abschnitt für den Kaffee-Ersatz (mit Zichoriegeschmack) hin. Die Sonderzuteilung von 200 Gramm Fleisch mußte sie sich bei Peine holen.

Sie packte alles ein. Das war das Zeichen der Erlösung für den Jungen, der ungeduldig von einem Bein auf das andere trat. Er mußte dringend. Als sie den Laden verließ, grüßte sie leise. Sie wollte nicht auffallen, wie vorhin die beiden hinter ihr.

Der Junge strullte erleichtert hinter einem Zaun. Die Frau wartete. In Wettermänteln näherten sich zwei Männer auffällig unauffällig dem Laden. Es regnete nicht. Sie hatten auch keine Taschen bei sich, als sie hinter der Tür verschwanden. Die Frau konnte sich denken warum.

Erst pendelten die Kartoffelschalen, brachen dann ab und fielen auf die Zeitung. Die nackten Kartoffeln warf die Frau in den Emailletopf, Wasser spritzte auf den papierenen Führerbefehl: „Glauben, gehorchen, arbeiten und . . .“ Das „kämpfen“ verdeckten die Schalenringe. Von einer anderen Zeitungsseite lagen nur Reste von Todesanzeigen frei. Die Frau schob die Schalenringe zurück, damit sie lesen konnte: „Tieferschüttert erhielt ich die unfaßbare Nachricht, daß mein über alles geliebter, unvergeßlicher Mann und einziger Sohn, Bruder, Schwager, Neffe und Schwiegersohn, Soldat Hans Kingdom, im Alter von 30 Jahren am 5. 11. nach kaum neunmonatiger Ehe in den Kämpfen um Kranaja-Wischerka am Wolchow-Fluß den Heldentod gefunden hat. Sein allergrößter Wunsch, uns wiederzusehen, blieb unerfüllt.“ Die Frau war ergriffen. Tränen kamen. Sie dachte an die Führerworte der anderen Zeitungsseite: „Glauben, gehorchen, kämpfen – und krepieren!“

Hilflos knüllte sie das Papier zusammen. Ehe sie die eingewickelten Schalen nach draußen brachte, trocknete sie ihre Tränen ab.

Das Schreiben wollte überzeugen. Bernd brachte es von der Schule mit: „KLV-Lager schufen bisher Grundlagen einer Erziehungsform, die auch in Zukunft nicht mehr aus der deutschen Volkserziehung wegzudenken ist. Aus diesem Grunde und zur Sicherheit Ihres Kindes sehen wir uns veranlaßt, Ihr Kind Bernhard (der Name war handschriftlich hinzugefügt) mit der gesamten Klasse (alles Jungen) ins KLV-Lager nach Hohwald in die Vogesen zu verschicken. Heil Hitler.“ Die Unterschrift war unleserlich, der Stempel leicht verwischt.

Nun standen die Frau und Peterpaul auf dem Bahnsteig. Koffer und andere Gepäckstücke wurden eilig vorübergeschleppt. Schulkinder liefen aufgeregt vorbei, um sich vor den Abteilen aufzustellen. Lehrer riefen Namen, hakten sie auf Listen ab. Bernd war schon eingestiegen, schaute mit Klassenkameraden aus den heruntergedrückten Waggonfenstern. Sie neckten ausgelassen Vorübergehende, riefen den Mädchen leise Schmeicheleien zu.

Drüben warben Plakate mit der Parole „Räder müssen rollen für den Sieg". An der Ziegelwand verblaßte der Rücken eines Dunkelmannes. Das „Pssst" war ausdauernd, warnte: „Feind hört mit!" Von anderen Anschlägen lachten pausbackige junge Frauen, munterten auf zu „Kraft durch Freude"-Fahrten. Die Silhouette eines schnittigen weißen Dampfers machte sich gut auf dunkelblauem Hintergrund.

Mütter drückten ihren Kindern Abschiedsküsse auf, manche weinten. Grüße an Oma und Opa, an Hund, Katze und Wellensittich wurden wiederholt. Zwei Frauen mit einer Rotkreuz-Armbinde standen in der Nähe des Eingangs. Ein Transparent „Wir grüßen die Kinderlandverschickung" schien schon mehrmals gebraucht worden zu sein. Flickstellen wurden dann besonders sichtbar, wenn sich das Tuch bei leichtem Windstoß aufblähte.

Mit ihren Listen stiegen jetzt die Lehrpersonen in den Zug, gaben an Zuspätkommer noch einmal Anweisungen. Das Pfeifsignal des Bahnbeamten ging über in das Zischen des Wasserdampfs vorn an der Lokomotive. Der Zug ruckte an. Kinderhände bewegten sich fleißig. Die Zurückgebliebenen steckten ihre Taschentücher weg, als der Zug kleingeworden hinter einer Senke verschwand. Nur die weißen Dampfwölkchen waren noch lange zu sehen.

„Vielleicht werden wir Bernd einmal besuchen", sagte die Frau und streichelte den Kopf von Peterpaul.

Der Mann stand vor einem Gitter, hatte eine feldgraue Hose an mit breiten Hosenträgern. Das Hemd war am Kragen aufgeknöpft. Er trug keine Stiefel. Vor ihm auf dem Sims pendelte leicht eine kleine Waage auf und ab. Sie wartete auf den Inhalt des einen Kartons neben ihr auf einem Tisch. Eisenstufen zerschnitten von außen die provisorische Maueröffnung. Draußen warteten Gefangene auf den Kartoninhalt. Ihre Köpfe waren kahlgeschoren. Die verhärmten Gesichter, die sich dicht gegen das Gitter drängten, konzentrierten sich auf das Pendeln der Waage. Eine Portion „Machorca" lag auf einem Stückchen Pergamentpapier. Sein Mund verzog sich zu einem leisen Lächeln, als der Gefangene den Tabak in den zittrigen Händen hielt. Der Mann gönnte ihm das bißchen Glück durch Tabakkrümel. „Papyrossa", sagte der andere russische Gefangene. Ohne abzuwiegen, reichte der Mann ihm drei Zigaretten durch die Eisenstäbe hinüber. Die gleichen leuchtenden Augen. Der nächste drängte sich heran. Die Waage pendelte aus. Der Junge half seinem Vater, legte den Tabak in die wartenden Hände.

Die Frau saß abseits, schaute gespannt zu, fragte nach einer Weile ihren Mann, ob er keine Angst habe hier bei den Gefangenen in Bohnenburg. „Abkommandiert ist abkommandiert", sagte er. Und warum solle er Angst haben?

Im anderen Zimmer reinigten zwei Soldaten ihre Gewehre. Nur der eine hatte eine Jacke an. Am Winkel erkannte die Frau, daß er Gefreiter war wie ihr Mann. Der andere fixierte die Frau mit starrem, verlangendem Blick. Es war ihr unangenehm.

Ein Küchenofen mit bunten Blumenranken strahlte Wärme aus an diesem kühlen Herbsttag. Süßlicher Duft kam aus dem Aschenkasten. Jetzt erst verriet Vater, daß er Äpfel in die Asche gegeben habe. Es roch nach Weihnachten beim Abpellen der geschmorten Früchte. Dem Jungen lief das Wasser im Munde zusammen.

Auf der Landstraße ging's später zu Fuß zurück. Vater hatte ein Quartier im Souterrain des Bahnhofs besorgt. Am Ortseingang lagen noch immer die Panzer in Bereitstellung. Von den Soldaten war nichts zu erkennen.

Vom Bett aus blickte der Junge hinauf zum Fenster hoch oben an der Wand. Er sah nur Beine: Kofferträgerbeine, Soldatenstiefel, manche umbaumelt von Degen, Beine in Seidenstrümpfen, in Wollsocken – die gehörten den Bäuerinnen –, in hochhackigen Schuhen.

Wenn Züge kreischend in den Bahnhof einliefen, bebte das Zimmer. Das Bild des Führers an der Wand bebte mit.

Das Päckchen an Bernd mit der gewünschten Taschenlampe und den Wollsocken brachte sie noch schnell zur Post, ehe sie mit Peterpaul und einem Pappkoffer die Stufen zum Bahnsteig emporstieg. Sie hatten Zeit.

Ihr Antrag auf Evakuierung in den Schwarzwald war wohlwollend genehmigt worden. Auch Vater hatte darauf bestanden. Nicht zuletzt war ausschlaggebend, daß bereits eine Schwägerin dort Quartier bezogen hatte. Die Oberbetten und anderes Gepäck waren schon in Kartons unterwegs, so konnten sie die Fahrt genießen. Die Plakate an den Wänden waren noch die gleichen wie bei Bernds Abfahrt. Sie waren noch blasser geworden, und die Einrisse hatten sich vermehrt. Nur dem Feind-Hört-Mit-Mann waren Brüder zugesellt worden. Der Blick über die Dächer des Ortsteils fand schnell etliche Ruinen. Ein Haus rauchte noch, war in der vergangenen Nacht getroffen worden. „Gut, daß wir wegkommen", sagte die Frau zum Jungen, als sie den Zug bestiegen.

Endstation Achern! Die lange, zu lange Bahnfahrt war Gott sei Dank überstanden. Irgendwo zwischen Köln und Koblenz hatte der Zug stundenlang warten müssen. Bahnhofseinfahrten wurden verwehrt, Gleise waren beschädigt, Umleitungen raubten Zeit. Zeit aber hatte die Frau.

Die Kisten und Kartons mit dem Bettzeug standen bereits am Ziel. Ein Lastwagen trug alles bergauf nach Ottenhöfen.

Frieden lag in der Landschaft. Das holzgasbetriebene Gefährt nahm gelassen die Anhöhen. Wasserräder bewegten sich unermüdlich. In den Wäldern duftete es nach Tannengrün. Die bemoosten Dächer vereinzelter Gehöfte reichten bis zu den Gärten hinab.

Ein Habicht schwebte über den Weizenfeldern, ließ sich durch eilige Bewegungen fesseln, zog seine Kreise enger, stürzte hinab auf sein Opfer. Feindschaft auch in friedlicher Welt. Gelegentlich beunruhigte das zielstrebige Dröhnen von Bombern den Lastwagenfahrer. Kondensstreifen deuteten die Richtung an. Bauern auf den Feldern versuchten die Ziele auszumachen. Es blieb bei Vermutungen.

Der Junge fand eine flache Stelle im Bach. Mit nackten Füßen trat er auf höher liegende Kieselsteine, trotzdem schmerzte das eiskalte Wasser. Wellen klatschten gegen die Beine, durchnäßten die Hose. Der Junge beugte sich hinunter, setzte das selbstgebastelte Floß ins glasklare Wasser. Es pendelte leicht, ehe der Wind in die Papiersegel griff und eine winzige Fahne herumschwenkte. Das Boot machte jetzt Fahrt. Es wippte auf und ab, wurde gegen die herunterhängenden Gräser der Böschung geworfen, verfing sich, kam wieder frei, drehte sich in einem Strudel. Das Gefährt schoß weiter voran. Die Segel hingen in Fetzen herab, lösten sich mehr und mehr auf. Es ging aber nicht unter. Der Junge lief noch immer hinterher. Er spürte im Eifer nicht, wie seine Füße gegen scharfkantige Steine stießen, wie Zweige von Weidenbüschen in sein Gesicht peitschten. Er kam aus der Puste. Das Boot riß aus. Der

Junge kam sich vor wie Gulliver bei den Zwergen. Er, der Riese, wollte ein winziges Schiff greifen. Der Bach wurde tiefer. Die Füße fanden keinen Halt mehr, sackten weg. Der Junge faßte in die Grasbüschel. Blieb stehen.

Das Floß war ihm davongeschwommen. Dann erfaßten es knarrende Flügel eines Mühlenrades, hoben es an, trugen es mit sich, ließen es aber gleich wieder brutal fallen. Es klatschte tief unten auf, zerbarst, einzelne Hölzer tauchten auf, trieben weiter voran. Aus der Traum!

Der Junge ließ sich fallen. Seine Brust schmerzte. Auch das Gesicht. Das kalte Wasser tat gut, als er den Kopf eintauchte. Jetzt zog er sich das Hemd aus und die Hose, wrang beides aus, legte es neben sich ins Gras. Die Sonne wärmte den zitternden Körper auf. Die Welt war wieder in Ordnung.

„Ich bin ein Kohlenklau" stand auf dem Pappendeckel, den der alte Knecht Xaver auf seinem Rücken trug zum Gespött aller. Der Einfältige lachte mit, obwohl er nicht wußte, warum. Er sog den Seiber seiner Pfeife ein, wärmte sich am Steinofen, dabei las er die Zeitung verkehrt herum. Xaver hatte auf dem Hof für Brennholz zu sorgen, schmierte Pflug und Wagen, half mit bei der unerlaubten Herstellung von Kirschwasser.

Die Scheiben zu seiner finsteren Kammer waren blind. Radio zu hören war nicht mehr erlaubt. Nur der Knecht hatte noch seins, wäre über die Kriegsereignisse draußen besser informiert gewesen als alle anderen, hätte ihn seine Einfalt nicht daran gehindert. Das Radio war ihm heilig, durch keinen Befehl ließ er sich davon trennen. Die anderen im Dorf hatten längst ihre Lautsprecher und Volksempfänger abgegeben. Wer wollte schon hingerichtet werden wie August Zink aus Posen, der die englischen „Hetz"-Meldungen an Arbeitskameraden weitergegeben hatte, um sie in ihrem Glauben an den deutschen Sieg wankend zu machen. So jedenfalls warnten die Zeitungen.

Dem Jungen tat der Greis leid, und er bemühte sich, ihn durch kleinere Gefälligkeiten aufzumuntern, war froh, wenn die schmalen Augen zwischen den vielen Falten Glanz bekamen. Grüßte der Junge freundlich, war Xaver verdutzt, mußte es einordnen, ehe er lächelte. Der Alte sprach nicht, verrichtete geduldig wie ein Tiermensch seine Arbeit, schloß sich abends in seiner Kammer ein. Der darauffolgende Hustenanfall hörte sich an wie ein Klagelied, wie das Bellen eines Hundes. Alle im Zimmer schwiegen dann, warteten die Zeit ab.

Auf dem Hof machte sich der Junge rar. Viel lieber kletterte er in die weitverästelten Apfelbäume oder legte sich sinnierend ins hohe Gras, dabei auf der Hut, daß ihn die noch immer flink geführte Sense von Xaver nicht traf. Meistens war der Knecht aber schon von weitem zu hören, wenn er das Lied vom „Schnitter Tod" summte oder, falsch und in tiefstem Baß, sang „... heut wetzt er das Messer, es schneid' schon viel besser, hüt dich schön's Blümelein", dabei sauste die Sense ins saftige Gras und köpfte sattgelbe Blumen. Peterpaul schaute den Schwalben zu, wie sie emsig nach Insekten flogen. Er sammelte Hasengras oder Hirtentäschelkraut. Mit den Mädchen vom Berg flocht er Kränze, sammelte mit ihnen Eßkastanien. Mit den Mädchen spielte er lieber als mit dem zänkischen und hinterlistigen Sohn des Bauern. Der wiegelte andere gegen die Evakuierten auf, schob ihnen die abgebrochene Deichsel des Handkarrens zu, den abgeknickten Wäschepfahl. Manchmal warf er mit Kuhdreck nach Peterpaul. Genugtuung erfüllte den Jungen, als der Zergerer gegen eins der wenigen Autos auf der Straße lief und für einige Tage ins Bett mußte.

Der Brief aus dem Ruhrgebiet war erschütternd. Mutter las die Hiobsbotschaften von Tante Toni vor „... am Montag haben die Briten einen Großangriff auf Zeche 3/4 und das Stickstoffwerk gemacht. Frau Haake ist tot, denn ihr Bunker bekam zwei Volltreffer ab, Herr Haake ist schwer verletzt. Acht weitere Personen waren noch im Bunker. Vier davon sind tot. Der Himmel war Tage dunkel vor Rauch und Feuer. Der Hüskenbunker in Ickern – wohl für vierzig bis fünfzig Personen – wurde getroffen. Viele Menschen sind darin erstickt oder ertrunken. Menschen und Vieh lagen tot auf den Straßen. Stickstoff war einmal! Die Bergleute mußten in der Nacht auf Zeche 1/2 ausfahren. Unser Teil hat nichts abgekriegt, aber wir kommen auch noch dran. Die Leute haben in den Bunkern geschrien und getobt, wie Wahnsinnige. Mittwoch ist Wanne-Eickel mittags angegriffen worden. Das Werk am Friedhof, wo Mutter liegt, ist total umgepflügt worden. Eickel soll jämmerlich aussehen. Züge fahren überhaupt nicht mehr. Wir leben in Angst und Schrecken ..." Mutter las nicht mehr weiter. Ihr Gesicht war weiß geworden. Sie öffnete den anderen Brief. Der war hoffnungsvoller, munterte auf: „Halt den Kopf hoch, liebes Frauchen, Du hast ja den einen Jungen bei Dir. Wir können nichts dafür, daß der verdammte Krieg so lange dauert, aber einmal wird er zu Ende sein ..."

Die Frau faltete beide Briefe zusammen, steckte sie in die Umschläge zurück. Der zweite Brief war aus Dänemark gekommen, brachte ein Foto ihres Mannes mit, der jetzt zur Küstenartillerie gehörte. Das Foto mit dem Geschütz reichte sie Peterpaul hinüber.

Der Kradfahrer war abgestiegen, zurrte an seinem Koppelschloß, zog eine Kelle hervor, wartete ab. Etwas später kroch unten von der Straße die Kolonne heran. Mannschaftswagen, sorgfältig mit Tarnfarbe bestrichen, zogen Anhänger und Geschütze mit sich. Der Kradfahrer stand auf der Straße und hob die rote Kelle. Die Wagen bremsten ab, verringerten den Abstand zum Vordermann, fuhren rechts ran. Auf Kommando sprangen Soldaten ab, stellten sich gruppenweise auf, zählten durch, bekamen Anweisungen. Der Junge beobachtete das Tun vom Himbeerfeld aus, näherte sich aber nicht, sondern setzte sich ins Gras.

Als sich die Gruppen auflösten, wurden die Soldaten lauter. Manche zogen ihre Hemden aus, wuschen sich im Bach. Drei Mann koppelten eine Gulaschkanone von einem der Transportwagen ab, schoben sie auf eine Wiese. Einer kurbelte die Füße des Monstrums herunter, ein anderer brachte Holz aus dem Auto heran. Bald qualmte der aufgesetzte Schornstein grünlichblau, dann heller. Die beiden Soldaten füllten oberhalb des Baches Wasser in Eimer, schütteten es später in den großen Bottich über der Brennkammer. Der Junge erinnerte sich an Mutters Waschofen zu Hause. Der Soldat in der grauen Schürze stocherte im Feuer, legte neues Holz hinzu, dann wusch auch er sich. Ein anderes Motorrad bremste scharf in Höhe der Kolonnenspitze. Der Fahrer übergab einem Offizier, der an einem Mercedes lehnte und rauchte, einen Zettel. Nach dem Rasieren klappte der Soldat in der Schürze den Deckel des Riesentopfes auf. Die Wolke aus Wasserdampf zog seitwärts ab. Aus einem Leinensack schüttete er Grünliches in das Wasser, rührte eilig um. Es roch gut nach Suppe. Wieder wurden Befehle ausgegeben. Der Junge sah, wie sich erneut Gruppen bildeten, die Männer mit Kochgeschirren nacheinander heranmarschierten. Sie erhielten ihre Ration, Suppe und Brot. Die Reihen lösten sich auf, die Soldaten suchten bequeme Plätze. Ein paar kletterten in einen Weidenbaum.

Der Junge kaute an einem Grashalm. „Nachschlag", rief der Koch. Nur wenige kamen noch einmal mit ihrem Topf heran. Der Holzholer von vorhin kratzte die Glut aus der Brennkammer, der Koch schüttete den Rest Suppe darüber. Wasserdampfschwaden zischten auf.

Wieder klatschten zwei Eimer Wasser in den Bottich, flossen aus einem Hahn trübe heraus. Soldaten verschwanden auf der anderen Straßenseite hinter ein Gebüsch, Kameraden wuschen am Bach ihre Kochgeschirre mit. Der Junge wußte, daß dieses seltene Schauspiel gleich zu Ende sein würde. Die Truppe sammelte sich, während die drei wieder die Gulaschkanone ankoppelten. Nach einem Kommando standen die Soldaten stramm; sie hatten jetzt alle ihre Stahlhelme auf. Meldung wurde gemacht. Bald darauf kletterten sie wieder in ihre Fahrzeuge. Der Kradfahrer gab mit der Kelle das Zeichen zum Start. Allmählich kam die Kolonne in Fahrt.

Der Junge winkte erst, als die Autos an ihm vorüberfuhren. Manche Soldaten winkten zurück, einige grinsten. Viele Gesichter waren jung. Peterpaul dachte an seinen Bruder. Auf den Feldern hoben auch die Bauern ihre Arme zum Gruß, schauten besorgt den Soldaten nach, ehe sie sich wieder über ihre Hacken beugten.

Von Bernd war eine Karte angekommen: „Liebe Mutter! Ich sitze jetzt in unserer warmen Bude am Tisch und schreibe Dir diese Karte. Wir sind richtige Abenteurer geworden und denken uns immer wieder neue Streiche aus. Es grüßt Dich vielmals Dein Sohn. Gruß an Peterpaul." Die Karte hatte er selbst gemalt. Sie zeigte ein kleines Vogesendorf.

Militärkolonnen hielten nicht mehr. Sie waren in Eile und nur noch nachts unterwegs, um den Angriffen von Tieffliegern zu entgehen. Der Junge stand in seinem Nachthemd hinter der Gardine, schaute auf das Vorbeirollen von Transportwagen, Kanonen und Krädern. Die Fahrzeuge waren verschlammt, hatten Beulen an den Blechen. Einige fuhren ohne Licht, flogen als graue Schatten vorbei. Von den Soldaten in den Führerhäusern sah er nur Umrisse. Selten konnte er eins der Gesichter erkennen, nur dann, wenn sich ein Soldat eine Zigarette anzündete. Die Gesichter kamen ihm wie die von Geistern in den Geschichten vor. Fahl, hohläugig. Als wäre eine Geisterarmee unterwegs in ihr Verderben.

Das Jungenlager im Hohwald war aufgelöst worden, die Klasse kam nach Konstanz. Die Frau wollte nun ihr Versprechen wahrmachen und Bernd besuchen, Konstanz war nicht weit.

Peterpaul schaute in die vorbeifliegende Landschaft. Ihm gegenüber saß seine Mutter mit wenig Gepäck. Ein pausbackiger Geistlicher mit seiner Haushälterin und eine Bäuerin in Holzschuhen saßen ebenfalls im Abteil. Die Bäuerin schenkte dem Jungen einen Apfel. Sie hatte ihm den schönsten ausgesucht. Der Geistliche lächelte zufrieden. Mal blickte er auf den Jungen, mal auf die Frau neben sich. Die Bäuerin wich seinen Blicken aus.

Der plötzliche Ruck warf die Gepäckstücke durcheinander. Der Korb mit den Äpfeln fiel um. Das Obst rollte unter die Sitze. Im Meßkoffer schlug etwas gegen den Kelch. Menschenhände suchten Halt in den Griffen. Als hätte jemand die Notbremse gezogen, so plötzlich kreischten die Bremsen auf. Fliegeralarm! Die Reisenden stürzten aus den Abteilen, kopflos und nervös geworden, überschätzten manche die Höhe der Trittbretter, fielen hin, rappelten sich auf, hasteten die Anhöhe hinauf. Gepäck zerrten nur wenige mit. Der Priester hatte seinen Meßkoffer bei sich. Als er die Böschung hinauflief, flatterte seine schwarze Soutane flügelähnlich. Hinter ihm kroch die Haushälterin nach oben. Mutter hatte Peterpaul an der Hand. Unter einem Baum fanden sie Schutz. Nur weg vom Zug! Trotzdem versteckten sich Reisende unter den Waggons. Von manchen waren nur noch die Beine zu sehen.

Köpfe drehten sich in die Richtung, aus der das Summen lauter und energischer wurde. Der Punkt vergrößerte sich, setzte zum Tiefflug an. Die Menschen duckten sich, machten sich klein, wie Katzen im Schlaf. Stille! Zeitlosigkeit! Vorn pustete die Lokomotive weißen Dampf aus. Die Frau bereute ihre Sorglosigkeit. Wären sie doch nicht gefahren! Die Bäuerin hielt die Hände vor ihr Gesicht. Der Priester blickte mit rotem Kopf furchtlos nach oben.
Da mischte sich ein anderes Geräusch ein, höher als das andere. Ein zweites Flugzeug tauchte auf, sprengte Feuerstöße in die Flanke des größeren, noch ehe dieses seine eigenen Waffen gebrauchte. Das getroffene Flugzeug taumelte, zog eine Rauchwolke mit sich, verlor sein Ziel, versuchte Höhe zu gewinnen, sackte wieder ab, verschwand hinter einem Wald. Der Aufschlag war dumpf.

Das kleinere Flugzeug hatte sich wieder höher geschraubt, verschwand hinter einer Anhöhe.

Erleichtert und benommen krochen die Geretteten aus ihren Verstecken, kletterten in ihre Abteile zurück. Gemeinsam suchten sie die Äpfel zusammen, auch der Priester half mit. Als der Zug weiterruckte, sahen die Reisenden für kurze Zeit noch den Rauchpilz über dem Wald. Mutter schüttelte den Kopf.

In einem Bunker in der Nähe des Bahnhofs Offenburg mußten die Reisenden einen weiteren Angriff abwarten, ehe die Sirenen Entwarnung gaben. Während die Frau ihrem Sohn ein Butterbrot reichte und ein abgepelltes Ei, stampfte der Zug einem Flußlauf entlang. Ohne weitere Unterbrechungen erreichten sie Konstanz.

Das Haus fanden die Frau und der Junge bald. Bernd war aber nicht mehr da. Er war zu Schanzarbeiten abkommandiert worden. Mutter hätte ihn lieber im Sattlerbetrieb gewußt und nicht in Lothringen. Sie war enttäuscht.

Die Villa, in der sie ein paar Tage blieben, war wie ausgestorben, obwohl zwei geschmeidige Hunde im Garten spielten. Ein fahlgesichtiger Mann hatte ihnen das Zimmer zugewiesen; er erkundigte sich erst am Abend, wie sie die Zeit genutzt hätten. Der Junge durfte mit einem der Hunde am See tollen, das Tier brachte ausdauernd Stock und Stein wieder; auch wenn Hund und Peterpaul klatschnaß wurden, machte es Spaß, vielleicht gerade deswegen. Auf der Uferpromenade flanierten herausgeputzte Offiziere mit breitbehuteten Frauen. Begegneten sich ranggleiche, schien es, als ob sie sich ignorierten. Nur die kleinen Feldwebel grüßten, durften aber keinen Gegengruß erwarten.

„Diese Soldaten haben Pause", fand der Junge heraus, „warum?"

Einen Abstecher nach Straßburg wollte die Frau machen. Nicht aus Enttäuschung, weil sie Bernd nicht besuchen konnte, sondern weil sie diese Stadt schon immer sehen wollte. Die Bahnfahrt verlief diesmal glatt. Keine Angriffe, keine Umleitungen. Von weitem rückte der Turm des Münsters näher heran, wuchs für Peterpaul beängstigend auf.

Die Wendeltreppe ließ die Frau außer Atem kommen. Der Junge hatte seinen Spaß daran, vornweg die nächste Nische zu erreichen. Erst waren noch die Mauern der Häuser zu sehen, dann kamen die Schornsteine und höheren Dächer ins Blickfeld, später nur noch Wolken.

Oben auf der Plattform kaufte die Frau Ansichtskarten; das Münster von seinen eindrucksvollsten Seiten, mal von oben, mal von unten herauf fotografiert. Kolorierte und schwarz-weiße Karten. Der Junge drückte die Arme auf das Gitter, spähte wie ein Vogel nach unten. Aus Schornsteinen quoll Rauch auf, Dächer duckten sich unterwürfig vor diesem Dom. Dem Jungen lag die Welt zu Füßen. Autos sahen wie Spielzeuge aus, die Menschen schrumpften zu Pünktchen zusammen. Im Halbkreis umflog weit draußen ein Transportflugzeug den Turm, ließ die Standhöhe noch bedeutender erscheinen. Reklameschriften leuchteten von unten herauf. Andere Türme wollten dem Münsterturm an Höhe gleichkommen, mußten aber zurückbleiben. Das Quietschen einer Straßenbahn hörte sich von hier wie ein Zirpen an.

Die Andenkenverkäuferin im Turmfuß trug ein Dirndlkleid, sprach freundlich die wenigen Besucher an. So erfuhr sie Neues in dieser einsamen Höhe zwischen Himmel und Erde.

Das Hinuntersteigen war für die Mutter weniger beschwerlich. Jetzt blieb der Junge zurück, ließ den rückwärtslaufenden „Film" der Landschaftsverwandlung von jeder Nische auf sich wirken. Unten schaute er noch mehrmals hinauf, versuchte seine jeweiligen Standorte auszumachen. Die fliegenden Wolken taten so, als wollten sie den Turm wegschieben.

Auch vom Café aus sah man das Münster, Kakao und Kuchen schmeckten dabei. Die Frau trank eine teure Tasse Kaffee, echten; vom sauer verdienten Lohn für mühseliges Himbeerpflücken würde sie ihn bezahlen.

Am Abend quietschten draußen die Bremsen eines Autos. Sie erschraken, vergaßen für einen Augenblick die halbfertigen Strohschuhe, an denen sie arbeiteten. Winterarbeit. Heimarbeit. Hart schlug das Gartentor ins Schloß, dann polterten Fäuste gegen die Eichentür.

Der Bauer öffnete, war ratlos, als er dem Uniformierten gegenüberstand. Ihn irritierte der weiße, prallgefüllte

Jutesack, den ihm der Soldat vor die Füße stellte. Winzige Körnchen rieselten aus den Nähten. Ein blasser Stempelaufdruck verriet den Inhalt: Zucker. Der Junge trat vorsichtig auf die ausgelegten Maisblätter, kam neugierig näher heran, stellte sich hinter den leeren Stuhl des Bauern.

Das Gesicht des Soldaten zeigte Angst und Übermüdung. Die schmuddelige Uniform war an der Knopfleiste eingerissen. Die Stahlhelmriemen drückten gegen die Bartstoppeln.

Der Soldat redete auf den verwirrten Bauern ein. Er sprach hastig, in einer höheren Tonlage, die seine Nervosität verriet. Überstürzt kamen die Worte: harter Kampf, Rückzug, verlorener Krieg. Zucker gegen Schnaps. Dabei deutete er mit seiner verbundenen Hand auf den Sack.

Zucker war rar. Schnaps hatte der Bauer etliche Flaschen im Keller. Hoffentlich sagt er „ja", dachte die Frau, spürte aber die Unentschlossenheit des Bauern, kannte sein Zögern. Der sitzt mit seinem Hintern am warmen Ofen, während die anderen in der Kälte draußen verrecken. Sag „ja".

Der Bauer schüttelte den Kopf. „Nein, nein!" „Angsthase", dachte die Frau, vielleicht auch alle anderen, „denkst an deinen Hof. Meinst, es sei eine Falle. Aber schau ihn dir an. Der will vergessen und kann es nicht. Er will sich betäuben mit deinem Schnaps. Und du sagst ‚nein'."

Der Soldat redete nicht mehr, griff nach dem weißen Sack. Der wütende Ausdruck in seinem Gesicht verschwand erst, als er in die schweigende Runde schaute und die gleiche Enttäuschung in den Augen las. Die Tür schlug zu. Draußen heulte der Motor auf. „Wer wird den Mut haben und den Zucker annehmen?" dachte die Frau. Noch lange pendelten die Strohzöpfe vom Luftzug. Der Bauer steckte sich eine Zigarre in den Mund, riß ein Streichholz an, rauchte allein gelassen.

Der Kanonendonner hatte sich verlagert, kam dumpf und drohend seitwärts aus den Bergen, hallte in den Tälern wider.

Nicht mehr so ausgiebig waren die Entdeckungsgänge von Peterpaul. In einem der Waldwege stöberte er das ausgebrannte Wrack eines VW auf. Die Scheiben waren zersprungen. Der Junge prockelte mit einem Aststück in den Einschußlöchern der Tür.

Den Zuckersack fand er nicht weit davon in einem Graben wieder. Die Nähte waren aufgeplatzt, der Inhalt verklumpt vom Regen in der Nacht.

Nur vereinzelt jagten noch Militärfahrzeuge die Straße hinauf in die Höhen, und nur noch nachts. Tagsüber mähten die Tiefflieger der Alliierten alles, was nach Militär aussah, in Sturzangriffen weg. Die Stellungen in den nahen Wäldern waren längst aufgegeben, zurückgeblieben die Fahrzeuge mit ausgelaugten oder festgefressenen Motoren. Anderen waren die Reifen zerschossen. Von den LKW pendelten noch die Reste der Tarnnetze. Rostflecke auf den Sitzen mußten Blut sein. Schnell machte der Junge die Tür wieder zu, stolperte über leere Konservendosen. Eingetretene Munitionskisten hielten ausgebrannte Hülsen fest und Laub, das sich in den Brettern verfangen hatte. Der Junge wunderte sich, bisher noch keine toten Soldaten gefunden zu haben. Vielleicht lagen sie unter einem der frisch aufgeworfenen Erdhügel unter den Bäumen.

Der Junge sammelte sich ein paar Zündplättchen auf, die wollte er später ins Feuer werfen. Den aufgehobenen Uniformknopf putzte er blank, hielt ihn vor seine Brust. Es war der einzige Glanz hier zwischen den Bäumen.

Totenstille auch in den Bergen. Ruhe vor einem Sturm? Auch Flugzeuge kamen nicht mehr, bis auf das eine, das sich in der Nacht verflogen und seine Bombe in einen nahen Steinbruch abgeworfen hatte.

In den Himbeersträuchern lag Rauhreif, überdeckte die frühen Triebe. Schnee schmolz, füllte den Bach prall mit Wasser. Das fleißige Klappern des Mühlenrades hallte herauf. Ein Idyll wie auf einer Bilderbuchzeichnung.

Dann kamen die Panzer. Mit ihnen die Fremden. Schwarzhäutige waren dabei, dicklippig und mit schneeweißen Zähnen. Geschossen wurde nicht. Was die Soldaten sich zuriefen, blieb unverständlich. Die in den fremden Uniformen durchkämmten Häuser und Gärten. Als der eine den Jungen sah, fuhr er sich mit der flachen Hand – ein Messer vortäuschend – um den Hals. Der Junge glaubte dem Soldaten nicht. Er hatte doch dem Fremden nichts getan. Und auch der Kurzhaarige konnte sein Grinsen nicht verbergen, also keine Drohung, vielleicht Einschüchterung.

Der Junge wollte fragen, seine Mutter legte den Finger auf den Mund. Der Junge schwieg.

Geschossen wurde erst wieder in den Wäldern. Das Krachen der Geschütze kroch weiter bergan. Dann wieder Stille. Die schwarzen Soldaten kamen zu Fuß wieder, schossen auf Hühner und Katzen, zogen sich zurück. Dolmetschende Offiziere befahlen den Bauern, die Leichen der deutschen Soldaten zu begraben. Der Ortspfarrer war dabei. Mit Entsetzen in den Augen kehrten sie still vor dem Dunkelwerden heim in ihre Höfe, nicht ansprechbar. Erst als die Toten in den Gräbern lagen, brachten die Bauern und Holzfäller Uniformteile und Konserven mit, heimlich versteckt zwischen den Schaufeln und Hacken.

Der Treppenaufgang lag im Dunkeln. Nur von oben fiel durch ein kleines zweiflügliges Fenster Licht ein. Als die Frau mit Peterpaul die ersten Stufen der Treppe erreichte, griffen Hände nach ihr, und ein strahlendes dunkles Gesicht sagte dabei: „Du schoiiin.“ Erschrocken versuchte die Frau dem Zugriff der Arme zu entkommen, faßte ihren Sohn fester, stolperte die Treppen hinauf. Ein Zurück gab es nicht. Oben klopfte sie an die Tür, schaute dabei nach unten. Die Gestalt war ihr nicht gefolgt.

Auf der Kommandantur wurden die Ausweise kontrolliert und die Aufenthaltsgenehmigungen abgestempelt. Der französische Offizier war freundlich. Seine Nickelbrille war blank geputzt. Er gab Anweisung, eine neue Genehmigung auszustellen. Eine rotblonde junge Dame nickte, drückte sanft auf die Tasten einer Schreibmaschine. Ihre Seidenstrumpfbeine waren übereinandergeschlagen. Die Frau vor dem Schreibtisch war von den eleganten roten Schuhen fasziniert. Wohl Pariser Schick, mit den hohen Hacken.

Die Tür von nebenan wurde aufgerissen. Der Offizier am Schreibtisch nahm Haltung an. Nur die Rothaarige kümmerte sich nicht um den Hereinstürmenden. Sie suchte weiter nach den passenden Tasten. Wütend warf der von nebenan ein wohl wichtiges Schreiben auf den Tisch, es fiel aber daneben. Schnell bückte sich der Untergebene, sagte dabei „excusez", suchte mit der anderen Hand oben auf der Tischplatte nach einem Siegel, hauchte es an, drückte es auf das Schriftstück. Polternd verschwand der Höhere im Nebenzimmer, ohne die Ehrenbezeigung abzuwarten. „Wohl überall so", dachte die Frau. Dann verließ sie das Zimmer. Ging zögernd die Treppe hinunter. In der dunklen Nische schmuste der Soldat mit jemandem. Er hatte also sein Ziel erreicht.

Der Bauer brauchte das Zimmer für seine Söhne. Die Frau wurde mit ihrem Jungen ausquartiert in eine Blockhütte. Die Hütte lag auf einer Anhöhe jenseits des Dorfes. Der Abschied fiel schwer. Die Frau hatte zwar für ihre Miete gearbeitet, Brot gebacken, Butter geknetet, Himbeeren gepflückt und für ein Taschengeld andere Arbeiten verrichtet. Sie hatte es aber gern getan, hatte die Menschen liebgewonnen.

Die zugewiesene Blockhütte gehörte einem Sägewerkbesitzer. Sie war beschlagnahmt worden. Zu einer Beobachtungsstelle ausgebaut, gehörten zu ihr einige Bunkeranlagen, die, geschützt von Mischwald und Brombeersträuchern, schwer einzusehen waren, aber einen ausgezeichneten Überblick über das ganze Dorf boten. Nur die Latrine lag tiefer im Wald.

Mutter und Sohn hatten die Blockhütte mit einer anderen Frau zu teilen, mit Frieda S.

Der Junge spielte selten in der großen Bunkeranlage, schon deswegen, weil durchhängende Tarnnetze wie Fangarme nach ihm griffen. Wie von Geisterhand berührt, bewegten sich grünliche Kunststoffblätter. Alles spiegelte sich in den Wasserlachen, auf denen sich die Blätter wie Schiffchen im Kreis drehten und nie ankamen.

Der Junge versuchte die Bunkertüren zu öffnen. Sie waren angerostet. Nur an einer konnte er den Eisenhebel hinunterdrücken. Betonstufen zogen sich hinab. Er stieg mit ihnen in die Tiefe, gewöhnte sich an das Dunkel. Irgendwo in der Finsternis raschelte etwas. Er tastete sich den schmalen Gang entlang. Die Wände fühlten sich eiskalt an. Das Grau der Treppe verschwand in dem Augenblick, als die Tür oben zuschlug. Der Junge tastete sich zurück, spürte die klammen Stufen, kroch auf ihnen nach oben, stieß mit dem Kopf gegen das Eisen, stand auf, drückte den Hebel zurück. Nichts. Gefangen! Dann schrie der Junge, schlug mit den Fäusten gegen das Ungetüm, nicht lange, konnte ihn doch niemand hören. Wieder warf er sich gegen die Tür. Noch einmal. Wäre nicht der winzige Lichtspalt oben im Eisen gewesen, hätte er meinen müssen zu ersticken. Er mußte wieder nach unten. Konnte ein anderer Gang nach oben führen? Die Türen unten ließen sich leichter öffnen. Erst hinter der dritten war Licht. Von draußen. Er schob den Rahmen eines Feldbettes unter die schmale Öffnung, kletterte hinauf, zwängte sich durch die Maueröffnung, spürte die Schnitte scharfkantiger Kiesel an den Beinen, sah unter sich Sträucher und sprang in die Freiheit.

Er hatte den Soldaten nicht kommen hören; das Klicken der grünen Glasisolatoren mag daran schuld gewesen sein. Peterpaul hatte sie in den Büschen entdeckt. Nun baute er an einer utopischen Landschaft.

Der Mann in Uniform redete mit ihm. Er verstand ihn aber nicht. Der Soldat drückte sich den Zeigefinger gegen die Brust, sagte: „American". Der Junge verstand: amerikanischer Soldat. Nun deutete er auf seine Brust, nannte seinen Namen. Der Soldat begriff, schaute dabei auf das Blockhaus, auf das Gebüsch, suchte dort Bewegung, nahm schließlich seinen Helm ab. Der Stern auf seiner Schulter verriet in etwa seinen Rang. Der Offizier nestelte an der Brusttasche, zog in Silberpapier Eingepacktes hervor. Der Junge wußte längst, was es war, nahm das Hingehaltene aber nicht an: Mutter hatte verboten, von Fremden etwas anzunehmen. Die Augen des Soldaten waren nicht mehr so freundlich. Er reichte noch einmal die Schokolade hinüber. Kein Erfolg. Da schlug der Mann in seinem Zorn zu. Nur einmal. Der Junge unterdrückte seine Tränen. Der Soldat warf die Schokolade ins Gras, stürzte schimpfend davon. Als der Tränenschleier vor den Augen des Jungen verschwand, sah er ganz hinten den grünen Jeep. Mit Vollgas preschte der Soldat davon.

Die Wange schmerzte noch, während der Junge sorgfältig das Silberpapier von der Schokolade wickelte.

Frieda S. genoß die Freiheit. Sie ging viel aus, kam spät heim. Sie tanzte gern. Sie ließ sich mit einem Soldaten ein, dessen Truppe aufgerieben worden war. Nun lungerte er an der Blockhütte herum. Eugen hieß er. Als Gelegenheitsarbeiter machte er sich nützlich, hackte Holz, machte den Ofen an, war überhaupt zu jedem Spaß aufgelegt. Der Junge mochte den Soldaten, und seine Mutter auch, obwohl sie oft genug mit Frieda über das Lotterleben schimpfte, denn die lebenslustige Frieda juchzte gelegentlich laut auf, wenn der Soldat sie plötzlich an sich zog, sie küssen wollte. Fühlten sich beide unbeobachtet, glitten seine Hände am Körper seiner Geliebten hinab. Frieda juchzte dabei nicht mehr.

Nach Regenschauern wuchsen im Nu die Pfifferlinge aus dem Waldboden. Ein modriger Duft stieg auf. Schnell füllten die Pilze den Korb des Jungen. Mahlzeiten waren gesichert.

Der Junge trat aus dem Wald, entdeckte die Schlange, schrie auf. Das Tier schlich sich näher heran. Er ließ den Korb fallen, die Schlange zuckte zurück, dabei glänzten die Kreuzmuster auf ihrem Rücken. Junge und Tier starrten sich bewegungslos an. Da sauste ein Knüppel auf die Kreuzotter nieder, zerbrach beim Aufprall. Das Tier bäumte sich auf, krümmte sich vor Schmerz. Der Soldat trat mit dem Stiefel zu. Man hörte das Knirschen des Kopfes. Das Tier war tot. Noch zögerte der Junge, ehe er sich näher heranwagte und einen Ast gegen den blutenden Leib der Schlange drückte.

Auch der Soldat hielt noch immer den Rest seines Knüppels in den Händen. Die Finger waren knochig und blau. Spuren eines harten Kriegswinters.

Mehr als ein Abenteuer waren die letzten Kriegstage für Bernd gewesen. Die Klassengemeinschaft hatte sich aufgelöst, beim Einmarsch der Engländer zogen sich die Schüler bis nach Kufstein zurück. Gewehre wurden ihnen zugesteckt. Das Feindbild war wie eine Seifenblase zerplatzt. Ihre Idole waren nicht mehr die Aufputscher, die Kriegstreiber, hatten aber noch die Namen Rommel, Paulus, Galland. Schon seit langem steckten sie in einem Zwiespalt, der ihnen die „Treue zum Führer“ mehr und mehr sinnlos erscheinen ließ. Zu sehr und zu lange waren ihre Hoffnungen enttäuscht worden, waren andere Herren ihrer Freiheit. Ein Tausendjähriges Reich – großspurig proklamiert – endete in einem Chaos, in das sie sich willenlos wie die Lemminge auf ihrem Todesmarsch per Befehl hatten hineintreiben lassen. Nun wurden sie in Lager gesteckt, konnten fliehen, mußten sich in acht nehmen vor betrunkenen Streifen. Von Kufstein aus schlugen sie sich durch, ignorierten Sperrstunden, um wegzukommen. Sie wollten nach Hause. Sie mußten die Bleibe finden, die ihnen gestohlen worden war. Sie sehnten sich nach Ruhe, nach Neubeginn. Die stolzmachenden Rangabzeichen rissen sie sich von der Uniform, die Unterschiede zum anderen gab es nicht mehr. Alle froren, alle hatten Hunger, alle wollten leben.

Auf Kohlenzügen kehrten die „Helden“ heim, die jungen und die alten, wenn sie nicht in Gefangenschaft geraten waren, kehrten zurück zu Bergen von Schutt und Asche, in die sie sich wie Ratten eingruben. My home, my castle.

Wie ein Lauffeuer verbreitete sich die Nachricht, daß die Evakuierten nach Hause zurückkehren könnten.

Sorgfältig packte die Frau ihre roten Inletts wieder ein und alles andere, was sich im Laufe der Monate angesammelt hatte. Vier Flaschen Kirschwasser wollte sie als Handgepäck bei sich behalten, die waren zu wertvoll.

Sie wanderte noch einmal hinauf nach Oberle, um Danke zu sagen für die Zeit der Herberge. Zu Neige ging die Zeit zwischen Tannenwäldern und Himbeergärten. Bald wird alles Erinnerung sein. Bekümmert ließ der Junge ein paar Steine ins Bachbett plumpsen. Das war sein Abschied.

Lastwagen standen am Bahnhof in Ottenhöfen. Aufgeregt wurden Pakete und Kisten hinaufgereicht, konnten so gestapelt werden, daß sie Lehnen und Sitzbänke bildeten. Die Fahrer besprachen sich später, zurrten die Planen fest, verknoteten sie. Ehe sie den Kindern und Frauen hinaufhalfen, warfen sie die Zigarettenkippen weg. Sie taten es gern, ließ sich doch diese Fracht gut anfassen, eine Fracht, die kicherte, wenn die Hand zuviel Brust, zuviel Bein berührte.

Die Motoren wurden angeworfen, stotterten, liefen dann gleichmäßig durch. Die Landschaft flog vorbei. Die Kinder staunten. Telefonmasten wurden schnell, dann langsamer kleiner. Die Stämme der Tannen spielten fangen.

Es dämmerte. In den Häusern flackerten die Lichter auf. Vor Karlsruhe machten die Lastwagen halt. Rast für ein, zwei Stunden. Frauen und Mädchen verschwanden hinter den Büschen. Erleichtert kamen sie zurück. Die Jungen suchten sich ein paar Bäume in der Nähe aus. Die Mutter reichte Peterpaul ein Butterbrot, schüttete heißen Kaffee aus einer Thermosflasche ein. Über den Rastenden funkelten Sterne. Direkt über ihnen der Große Wagen. Mäntel und Decken hielten warm. Manche schliefen im feuchten Gras ein, andere schliefen nicht, mochten mit Kummer an die Zukunft denken, an ihre zerstörten Wohnungen, an ihre gefallenen Männer. Wieder polterten die Lastwagen über die Landstraßen. Ihre Lichter brannten spärlich. Der Junge steckte seinen Kopf durch die Luke in den kalten Planen. Von unten herauf roch das Aufpuffrohr überhitzt, das rochen auch die im Innern des Wagens, besonders dann, wenn der Wagen einer Panzersperre wegen langsamer fuhr. Seine Mutter war eingenickt. Ihre Hände preßten sich gegen die Tasche. Hinten im Menschenknäuel suchte eine korpulente Frau im Taschenlampenlicht nach Eßbarem. Unwillig reagierten die Nächsten. Kisten schlugen unregelmäßig aneinander. Draußen surrten die Räder über frisch geteerte Straßenteile.

Nur noch ruckweise bewegte sich der Lastwagen voran. Der Mann im Führerhaus rief „Sitzenbleiben, alle“ nach hinten. Das Auto stoppte, fuhr wieder an, neigte sich nach vorn, bremste wieder ab. Neugierige drückten die Planen seitwärts hoch, erschraken, schauten ins Wasser. Die Landstraße war um etliche Meter abgesackt, ging in eine Pontonbrücke über. Unter dem rollenden Gewicht flatterten die Bohlen auf und ab. Wasser schlug gegen Metallschwimmer, wurde glucksend verschluckt. Das Schaukeln des Wagens, das Auf- und Abwippen nahm zu, ebenso die Angst der Frauen.

Der Junge genoß den Blick auf die Lichterkette, die sich oben am Ufer entlangzog. Militärkonvois der Amerikaner, an dem großen Stern zu erkennen, mischten sich unter die Zivilfahrzeuge. Soweit der Junge sich auch hinausbeugte, die Lichterkette riß nicht ab; sie mußte kilometerlang sein. Nachfolgende Autos hielten den Abstand strikt ein. Mitten im Strom ragten Teile eines versunkenen Schiffes heraus. Wie Gräten stachen die Reste der zerstörten Brücke in den Nachthimmel. Dann schleppte sich der LKW mühsam die Böschung hinauf. Der Main war überwunden.

Weiter nach Norden ging’s. Den ganzen Tag über. Die Kolonne schrumpfte bereits zusammen; manche Mütter hatten mit ihren Kindern das Ziel erreicht, andere Wagen blieben eines Motorschadens wegen auf der Strecke.

Früh am Nachmittag wurde in Wuppertal-Barmen Quartier bezogen. Die Lastwagen blieben auf einem Platz stehen, den aus Hausruinen hervorquellende Ziegelsteine frei gelassen hatten. Eine schon wartende Frau wies nach einer Liste die Quartiere zu. Frau und Kind fanden ihre Bleibe in einer der unbeschädigten Bauten in der Nähe. Die Frau schellte. Im zweiten Stock lag die Wohnung für die Nacht. Ein Mann schloß sie ihnen auf, sprach dabei nicht, nickte wohlwollend, erlaubte dem Jungen mit einer freundlichen Handbewegung, das rote Kinderdreirad zu benutzen. Dann ging er. Der Junge beschränkte seine Fahrten, benutzte nur den buntgemusterten Teppich als Bahn, nahm sorgfältig die Ecken, ließ aber bald das Rad im Stich, weil er lieber aus dem Fenster schauen wollte. Die Lastwagen mit den zugeschnürten Planen standen noch auf ihrem Platz. Einer der Fahrer hielt Wache, saß auf dem Trittbrett, rauchte. Auf der anderen Straßenseite überragten Bäume die häßlichen Fassaden. Ihr junges Grün wurde von der Nachmittagssonne noch leuchtender. Weit hinter den Bäumen stand eine dunkle Wolkenwand am Himmel, sie hatte sich einen Regenbogen zugelegt.

Die Frau kochte in der kleinen Küche Suppe, belegte ein paar Scheiben Brot mit Schwarzwaldschinken. Sie lächelte ihren Sohn an, als dieser nach dem Baden im viel zu großen Nachthemd in die Küche kam. Nach dem Essen krochen sie ins Bett, schliefen zufrieden ein. Über ihnen in einem Bild küßte ein Löwe einen liegenden Zigeuner. Über beiden leuchtete der Mond.

Zum Frühstück kam der Mann wieder, brachte Milch mit und Brot. Das Gesicht kam Peterpaul nicht mehr so fremd vor wie gestern. Der Mann war genauso freundlich. Sein Anzug war ihm zu groß, die Hosenbeine berührten den Boden. Er nickte der Frau zu, schien irritiert, als hätte er eine Chance verpaßt. Der Mann deutete auf seinen Mund, zog die Schultern hoch, schüttelte den Kopf. Die Frau hatte schon bei der Begegnung gestern nachmittag bemerkt, daß er stumm war. Eine winzige Narbe am Hals sah nach einem Einschuß aus.

Nach dem Frühstück machte die Frau die Betten, spülte das Geschirr, fegte die Brotkrumen auf. Die Wohnung war wieder sauber.

Als sie dem hageren Mann zum Abschied und Dank eine Flasche ihres kostbaren Kirschwassers überlassen wollte, lehnte er energisch ab. Er faßte die Hand der Frau, drückte sie herzlich. Sein Gesicht bekam Sorgenfalten. Aus seinem Hals preßten sich Gurgellaute; wenige nur, die aber eine ganze Geschichte bedeuten konnten.

Unten stellte die Frau doch noch die Flasche ab, neben die Tür.

Der Tag war grau, es regnete. Jetzt wartete ein kleinerer Lastwagen auf die Ankömmlinge. Seine Plane, unverständlicherweise bis knapp ans Führerhaus zurückgeschlagen, bot kaum Schutz. Die wenigen Kisten bildeten wieder eine Bank. Nur eine andere Frau fuhr noch mit. Sie hatte wenig Gepäck und stieg in der nächsten Stadt aus. Dann durfte der Junge neben dem Fahrer sitzen.

Stotternd zog der Scheibenwischer seine Viertelkreise. Noch ehe die Scheibe klar war, hatten sich schon wieder Tropfen festgesetzt. Es war ein vergeblicher Kampf.

Gestern waren dem Jungen Häuser und Bäume davongerannt, heute eilten sie auf ihn zu, wichen aus, auch die Ruinen mit ihren zerborstenen Schornsteinen. Nur Panzersperren stellten sich den beiden im Führerhaus entgegen oder größere Schutthaufen. Dann faßte der Fahrer kräftig ins Lankrad, bugsierte das Gefährt sicher um die Hindernisse, rechtzeitig bremsend. Später warf der unrasierte

Mann den Stummel seiner Zigarre durch den schmalen Fensterspalt, sang mit brüchiger Stimme das Lied von der schwarzbraunen Haselnuß, dabei wollte er mit der freien Hand das Bein des Jungen tätscheln, der rutschte in die äußerste Ecke der Bank, spürte an seinem nackten Knie die Kälte des Türblechs. Er habe auch so einen hübschen Sohn wie Peterpaul gehabt, unterbrach der Fahrer sein Lied. Näheres erklärte er nicht. „Vielleicht ist er umgekommen", dachte der Junge, „oder er ist an einer Krankheit gestorben."

Der Regen trommelte noch heftiger gegen die Scheibe, die ihre Blindheit nur für wenige Augenblicke mit jedem Schwenk des Scheibenwischers verlor. Der Fahrer hatte jetzt beide Hände fest am Steuerrad. Das Fahren strengte an.

Beängstigend war der Anblick der schwarzen Hausleiber. Alles Schutt und Asche! Wie mahnende Finger ragten Eisenschienen aus den Steinlawinen. Was der Frau hätte bekannt sein müssen, hatte seine Merkmale verloren. Fassaden waren wie Tücher geknickt, Prunkbauten von einst sahen glanzlos aus, wie das Fell einer streunenden Katze. Selbst die Türme der Kirchen waren wie zerfressen von Granateinschlägen.

Der Lastwagen bog in die Oberschlesienstraße ein. An der Ecke war der aus Stein und Mörtel geformte Kopf eines Tieres ganz geblieben. Ein gutes Zeichen. Die meisten Häuser standen noch, auch das mit der Nummer 42. Der Lastwagen überholte ein Fuhrwerk, stoppte gelassen. Schnell lud der Fahrer die wenigen Kisten ab, trug sie in den Flur. Die Frau gab ihm ebenfalls eine Flasche Schnaps. Das war der Fuhrlohn.

Frierend saß der Junge zwischen den Gepäckstücken. Die Deckenmalereien im Flur kamen ihm wie vergessen vor: Von schloßähnlichen Türmchen blickten maskierte Frauen hinunter auf viel zu blaue Seen. Auf einer Insel hockte ein Geiger, spielte inbrünstig sein Liebeslied. Peterpaul fand nicht heraus, welcher Schönheit dieses Lied galt. Es waren zu viele da.

Als seine Mutter mit den Schlüsseln wiederkam – sie hatte sie von Frau Murchau holen müssen –, war Peterpaul eingeschlafen. Sie weckte ihn auf, beide traten im dunklen Flur auf die Tür zur Wohnung zu. Ein heller Punkt im Türblatt störte. Er stammte von einem Pistolendurchschuß.

Die Fenster ließen kaum Licht ein. Bretter ersetzten zerstörte Scheiben.

In der Chromleiste des Ofenaufsatzes entdeckte der Junge das Geschoß aus der Pistole. Ein Steckschuß! Er prockelte es mit einem Nagel heraus, begutachtete es.

Auf dem Schrank schrieb noch immer die gipsene Büste des Jünglings mit dem Mädchengesicht an seinem dicken Buch, als ob es eine Kriegschronik wäre.

Aus der Decke waren Putzstellen geplatzt, gaben die Latten frei. Tisch und Sofa hatten ihren Stammplatz behalten. Nur die Schlafzimmertür lag aus ihren Angeln gerissen müde und angestaubt auf den bloßen Bettgestellen.

Die Frau setzte sich, beugte sich über die Tischkante, hielt ihre Hände vor die Augen. Ob sie weinte, konnte der Junge nicht feststellen. Hätte sie es getan, wäre es ihm schwergefallen zu entscheiden, ob vor Kummer oder Freude.

Beide schoben jetzt die Kisten in das Zimmer, die Frau packte alles aus, räumte ein, stellte zusammen. Bevor sie die Betten zurechtmachte, hoben beide das Türblatt auf, schoben es gegen den Waschtisch, dessen Marmorplatte von einem bizarren Sprung durchzogen war.

Schon brannten Packpapier und Holzwolle im Ofen. Wasser wurde heiß für Kaffee. Das Zimmer wärmte sich auf. Sie waren wieder daheim in ihren vier Wänden.

Die Baracken standen nicht mehr alle. Einige waren ausgebrannt. Das sah der Junge durch den Bretterspalt.

In den Platanen hatten sich Tuchfetzen und Reste von Dachpappe festgesetzt, glichen finsteren Vogelscheuchen, die nichts zu beschützen hatten. Die schimpfenden Dohlen ignorierten diese Relikte, benutzten sie sogar als Flugziele.

Peterpaul wollte nach draußen. Der Regen hatte aufgehört. Er stampfte den Schutthaufen bei Schmiedeshoff hoch. Steine, Wasserrohre, Kabel ragten heraus. Ein Riese schien das Haus in einem Wutanfall zerschmettert zu haben, hatte dann alles achtlos verlassen, um ein paar Häuser weiter erneut dreinzuschlagen. Der Junge hob einen Glassplitter auf, hielt ihn gegen die Wolken und gegen die Häuser am Horizont. Aus dem Schwarz wurde Rot. Alles Gesehene stand in Flammen. Der Junge warf die Scherbe erschrocken fort.

Hinter einer ganz gebliebenen Mauer gackerten Hühner, hatten Löcher in den trockenen Sand ihres Verschlags gebuddelt.

Nach und nach kehrten die Menschen heim. Peterpauls Vater war nicht in Gefangenschaft geraten. Bernd blieb noch ein paar Tage im Schwarzwald, ehe auch er schließlich auf einem leeren Kohlenzug zurückkam.

Der Vater suchte eine andere Arbeit, fing als Betonarbeiter an. Bernds Schule war zerstört. Unwillkommene „Ferien"-Verlängerung. Die Frau verrichtete ihre Hausarbeit. Nicht selten schaffte sie es, aus „Nichts" Mahlzeiten herzurichten. Das kleine Ei wurde mit Mehl und Milch verlängert zu einer Schüssel voller Eier. Brot – rar wie alles andere – schmeckte mit ein paar Krümeln Zucker. Die Speckschwarte wurde wieder und wieder dem Kohl, den Steckrüben beigegeben, bis sie auseinanderfiel. Die Zuteilungen waren nach Kalorien festgelegt, zu knapp bemessen, als daß sie den Magen füllen konnten, geschweige denn sattmachen halfen.

Trotzdem lebte es auf in den grauen Wänden, in den Ruinen, in den zerbombten Straßen. Wegräumen, Sortieren, Herrichten, so gut es das Material erlaubte. Weiterkommen. Malochen. Wühlen. Leben wollen, um zu arbeiten. Arbeiten, um irgendwann in der Zukunft leben zu können.

Mit jedem Wurf wirbelte Zementstaub auf. Der Mann stand im Waggon, schaufelte das blaugraue Pulver in Loren um. Boden, Lore und Mensch färbten sich zu konturenlosen Gebilden, nur die Bewegung verriet noch den Menschen. Die Räder des Waggons standen in tiefen, festgebackenen Zementfurchen. Ausgenommen die Weichen, die zwischendurch vom lästigen Material freigeklopft wurden.

Gegen Mittag fand sich der Junge mit leerem Kochgeschirr ein. Der Mann schüttete einen Teil des Grützbreis aus seinem Napf in das Geschirr, auch das Stückchen Fleisch, drückte dann den Deckel sorgsam auf das grüne Aluminium-Unterteil. Der Hebel rastete ein. Ohne Worte reichte er es dem Jungen zurück. Peterpaul blieb noch ein bißchen.

Hinten in der Halle ratterte eine Stampfmaschine, alle anderen waren nicht in Betrieb, hatten auch Mittagspause.

Der Mann streckte sich auf der grob gehobelten Bank. Neben ihm saßen Tomshöfer und Clemens Köhler, nicht so eingestaubt wie er; sie machten Mischungen für Dachziegel und Kanalisationsrohre. Die Männer hatten den beiden zugeschaut. Auch ihre Jackenkragen waren hochgeschlagen, Schals dichteten zusätzlich ab. Natürlich des Zementstaubs wegen, aber auch weil die Kälte in die Leiber kroch. Trotzdem hatten die drei ihre Soldatenkappen abgesetzt. Innen war noch das Feldgrau zu erkennen, außen hatte der Zement das Umfärben besorgt. Ihre Haare lagen als schweißnasse Strähnen angeklatscht auf den Köpfen. Cäsaren bei der Pause, malochende Cäsaren.

Ein Elektrokarren surrte vorbei und hinterließ seine Spuren im Staub. Die Arbeiter sprachen nicht. Einer zog umständlich eine Taschenuhr hervor, genoß die restlichen Minuten, nickte mit dem Kopf. Die Männer standen wie auf Kommando auf, mußten sich mit den Händen stützen. Ein verstaubtes Horn beendete erst jetzt die Pause. An den Maschinen war Bewegung, sie polterten los, ließen die Halle beben.

Der Junge ging mit seinem Vater nach draußen zu den Gleisen. Am Waggon gaben sie sich die Hand.

Der Mann kam ausgelaugt nach Hause. Nach Feierabend arbeitete er mit noch ein paar Kollegen am Dachstuhl beim Kaisers-Kaffee-Geschäft. Zwischen Schutt- und Balkengerippe fanden sie die aufgerissenen Papiersäcke mit dem Stärkemehl. Nicht alle wollten ihren Anteil, sie verschenkten ihn. So wuchtete er nun mit der zufriedenen Miene eines Entdeckers gewaltiger Goldschätze den Papiersack auf den Tisch, schabte die festgebackene Schicht fort, probierte das Darunterliegende, fand es genießbar. Aufgeregt und mit hochroten Wangen füllte er alles in braune Tüten um.

Seit dem Abend wurde alles, was sich Mahlzeiten nannte, mit diesem Stärkemehl verdickt und verlängert: Steckrübensuppe, Linsensuppe, Kohlsuppe. Was bisher (wegen seines eintönigen Geschmacks ohnedies nur mit Widerwillen genießbar) auf den Teller kam, wurde noch fader. Die

Zugabe klumpte gallertartig zusammen, oft genug bissen die Zähne auf diese schieren Stärkeklöße. Der Brechreiz wurde Vater zuliebe unterdrückt. Besser schmeckte schon das gelbliche Maisbrot. Es füllte auch schneller die hungrigen Mägen, obschon sich Nägel und andere artfremden Zutaten darin fanden.

Die rührende Sorge des Mannes für seine Familie bewog ihn, Stielmus und Spinat sackweise zu besorgen. Diese Sorge brachte wiederum die Hausfrau in Sorge. Wohin damit? Für Wochen wurde vorgekocht, der größere Rest von Mutter und Peterpaul sorgfältig gestrippt. In der länglichen Wanne schwamm das Pflanzenzeug, die Vitamine nahmen kein Ende. Peterpaul saß und saß, kappte, schnitt weg, teilte auf. Hinter der Gardine bot sich das Fernbild spielender Nachbarskinder. Die Sonne stieg auf, ging unter. Das Geschabte und Gestochene fand in Gläsern Platz. Die Frau kam sich vor wie ein Zauberkünstler.

Am Abend schwammen nur noch faule Blätter im trüben Wasser; die Prozedur war zu Ende.

Ein weiteres Mitbringsel brachte die Familie ebenso in Bedrängnis: ein Zentner Zuckerrüben. Er hatte ihn von einem Bauern bekommen für das Decken eines Scheunendachs. Wieder das zeitraubende Waschen, Schälen, Kleinschneiden. Mit der geliehenen Handpresse wurden die Würfel ausgelaugt. Nach und nach füllte sich der Einmachkessel mit dem fade schmeckenden Saft. Stundenlanges Kochen auf glühender Herdplatte, wieder und wieder umrühren, Kohle nachlegen. Das Ofenknie wurde rot, das Holz im Backkasten fing Feuer. Der Mann prockelte es heraus, schüttete Wasser darüber. Die Saftmenge im Einmachkessel reduzierte sich, wurde brauner, blieb aber dünnflüssig. Nichts an diesem schwarzbraunen Saft schmeckte später nach Rübenkraut, mehr nach dem gelblichen Zucker, der sich, wie von Geisterhänden getragen, selbst fortbewegen konnte.

Nach dem Reinfall mit den Rüben machte sich Vater daran, die restlichen Kartoffeln von den Feldern zu stoppeln. Er war verdächtig schnell zurück. Er mußte wie ein Wahnsinniger gefahren sein. Jedenfalls rechnete die Frau mindestens eine Stunde für das Aufsammeln. Doch der volle Sack draußen vor der Stalltür überzeugte. Aber nicht lange. Ein Blick genügte. Vater hatte die vorjährigen Mutterkartoffeln, die in ihrem Äußeren tadellos, innen aber ausgetrocknet waren, aufgelesen. Die Familie lachte laut auf, trotz dieser enttäuschenden Situation. Verlegen brachte der Mann seine Ernte in den Stall zu Murchaus Schwein. Das wohlige Grunzen über diesen Kartoffelsegen war bis in die Nachbarschaft zu hören.

War es Wohlwollen, das Onkel Töne dazu bewog, seinem Neffen einen Tornister anfertigen zu lassen? Nicht aus Leder war er, sondern aus gummibezogenem Leinen, fürs erste ausreichend, es gab sowieso nur wenig zu tragen an Heften und Büchern.
Es hatte sich kein Fotograf aufgebaut am Tor, um am ersten Schultag das zu knipsen, was für ein ganzes Leben vorzeigewürdig in Fotoalben und Brieftaschen sich jederzeit und griffbereit versteckt halten sollte.

Bei Bernd war es anders gewesen. Der durfte sich in einen kleinen Wagen setzen mit der Aufschrift „Gute Fahrt“. In der einen Hand hielt er eine bombastische Zuckertüte, von der zu gerne der struppige Ziegenbock vorn an der Deichsel genascht hätte, und natürlich auch Bernd. Die andere Hand balancierte eine Tafel, auf der fein säuberlich und in Schulanfängermanier die Worte „Mein erster Schultag“ aufgemalt waren, nicht mit Kreide, sondern in Lackfarben. Die Tafel gehörte dem Fotografen.

Als Ersatz für den Mann im Kittel stand jetzt ein

wuchtiger Sherman-Panzer am Tor, erinnerte an Vergangenes, trug keine Aufschrift, nur einen Stern am Turm.

Der dunkle Backsteinbau lud kaum ein. Die Sandsteinstufen des Rundbogeneingangs waren ausgetreten, hatten Macken von Splittern und Trümmern. Über dem Bogen sollte Josef-Schule stehen. Aber nicht alle goldfarbenen Buchstaben hatten den Krieg überstanden. so fehlten seltsamerweise die beiden S, machten diese Schule zur *„JO.EF.CHULE"*. Das fiel aber kaum auf bei den Neulingen, waren die vor Aufregung doch auf alles gefaßt.

Ein Klassenraum voller Bankreihen! Jeweils fünf Kinder saßen in einer Bank. Wollten die in der Mitte einmal raus, gab's eine umständliche Störung zur Freude der Schüler. So war der in der Mitte sicher, daß er vom lästigen Tafelanschreiben verschont blieb. Das Erlernte aufsagen mußten sie dennoch. Sicher vor den Kettenaufgaben der Lehrer waren sie ebenfalls nicht. Hierbei sollte sich zeigen, wer Köpfchen hatte. Ab und zu gelang es Peterpaul mit einem gar nicht errechneten Ergebnis zu glänzen. Das wiederum überzeugte ihn, daß der Aufgabensteller auch selbst nicht immer das richtige Ergebnis parat hatte.

Fräulein Reuper mochte Peterpaul. Machten die Mitschüler Schönschreibübungen, durfte er für die Lehrerin Besorgungen machen, lieferte bunte Wollknäuel am anderen Ende des Schulbezirks ab, erhielt dafür fertige Strickwaren, manchmal auch Gehäkeltes und Besticktes zurück. Später mußte auch er sich über sein Stück Bruchschiefer beugen – Tafeln gab es nicht –, und er versuchte nachzuholen, was der Nebenmann voraus hatte. Doch wurde er gleich wieder nach vorn geholt, um das von der Lehrerin spendierte Butterbrot mit dem Rücken zur Klasse hin aufzuessen.

Schamröte stieg ihm dabei ins Gesicht. Der Bissen blieb im Halse stecken. Obwohl er hungrig war, hätte er lieber auf dieses Dankeschön verzichtet.

Er paßte den Augenblick ab, in dem alle auf ihre Schreibereien guckten, und schlich dann wieder zu seinem Platz.

Neben den Schulkindern ließ das Panzerungetüm täglich einen Lastwagen unbekannter Bauart passieren. Das Auto fuhr einen Halbkreis, setzte zurück. Der Hausmeister löste die Verschraubungen der mitgebrachten Kübel, hob die Deckel ab. Es roch gut. Mal nach Fleischbrühe, mal nach Kakao oder Puddingsuppe. In der von seinem Vater säuberlich umsäumten Weißblechdose schmeckte dem Jungen alles, auch die Linsensuppe oder der Erbswurstpapp. Zu den Suppen gab's ein Brötchen. Dann fuhr der Lastwagen wieder an. Die leeren Behälter purzelten gegeneinander. Hinten auf dem Wagen waren erst jetzt die beiden ineinandergehaltenen Hände zu sehen. Darüber las der Junge das Wort „care". Es mußte etwas mit Sattmachen zu tun haben.

Die Klos hinten im Hof waren nach dem Pausenschellen der Ort, in dem sich die Jungen auf der einen Seite, die Mädchen auf der anderen versammelten. Im Pissoir stank es nach Urin, und die Jungen wetteiferten miteinander, ihren Strahl noch höher gegen die schwarzgeteerte Wand zu drücken. So erreichte mancher Urinstrahl immense Höhen, färbte aber gleichzeitig den Kalkputz über dem von Experten berechneten dunklen Anstrich hellgelb auf, ließ ihn auf Dauer durchfaulen.

Hier war auch der Ort für Aufklärungen; manche Schüler wußten exakt über die Menschwerdung Bescheid, weil sie doch selbst ohne ihr Zutun kürzlich Onkel geworden waren. Und als Onkel mußte man solche Dinge einfach wissen.

Nach diesem ernsteren Teil wandten sich die Schüler dem Spiel zu, dem Spiel mit dem Messer. Nach ausgetüftelten Methoden nahm das Messer nach dem Wurf bestimmte Stellungen ein: Erde, Tod, Himmel. Es gab nichts zu gewinnen, außer dem Ruhm, ein Meisterwerfer zu sein.

Das Spiel mit den Groschen war genauso gefährlich. Zwar konnte sich hierbei keiner verletzen, doch verführte die Spielleidenschaft dazu, eigensinnige Konkurrenten kräftig zu verprügeln. Nur Könner brachten es fertig, ihre grauen Hakenkreuzgroschen nacheinander in ein vorgezeichnetes Viereck zu bugsieren. Sie gewannen dabei alles, was sich hinter der Linie ansammelte. Manche spielten hoch und warfen Fünfziger.

Der schräge Klang der vom Hausmeisterliebling geschwenkten Glocke verhinderte ersehnte Gewinnchancen, zerstörte den Traum vom Reichtum.

Der Dezember begann gerade seine dritte Woche. Peterpaul gehörte zu einer langen Reihe Wartender. Er war früh aufgestanden. Zwischen den Beinen des Jungen stand eine Einkaufstasche, sie ruckte mit, wenn sich die Menschen weiterschoben.

Männer in Mänteln husteten, der Steinstaub quälte. Frauen nestelten an ihren Kopftüchern, zogen sie fester zusammen. Für die Männer war die Tuchfühlung zum Nachbarn angenehm, falls es eine der jungen Frauen war.

Ein Mann verließ die Reihe, ließ aber seine Tasche da, verzog sich in eine Einfahrt. Das dünne Plätschern und ein winziger, sich wie ein Polyp vortastender Bach wurden von den Wartenden gleichgültig zur Kenntnis genommen. Etwas verschämt, aber sichtlich erleichtert, kehrte der Mann – noch an seiner Hose knöpfend – zurück. Zu langsam ging es vorwärts. Sie warteten geduldig, harrten aus, nur so konnten sie ihr Ziel erreichen.

Peterpaul las das Firmenschild: *HANS BERHORST, OBST UND GEMÜSE.* Darunter war wohl später von ungelenker Hand hinzugefügt worden: „und Frischfisch“.

Schon konnte der Junge ins Schaufenster blicken. Es war leer, bis auf die drei übereinandergestapelten Kisten. Die obere stand auf der Kippe, als wolle sie jeden Moment hinunterfallen. Eingebrannte Buchstaben verrieten den ehemaligen Inhalt. Leer mußte auch das braune Faß sein; der Deckel lag daneben. Das ovale Brandzeichen zeigte einen stilisierten Hering mit einem Schlüssel über der Inschrift „Bremen-Vegesack“.

Peterpaul blickte beunruhigt auf das Getue im kleinen Laden. Heute wurden nur Äpfel abgezählt, dann gewogen. Geschickt schnitt die Verkäuferin das entsprechende Quantum Marken heraus, zurück blieb ein bizarres Papiergebilde. Eine alte Frau steckte es ungefaltet zurück in ihre Manteltasche.

Die Gemüsefrau trug einen schwarzen Handschuh an der linken Hand. Löchrig war er und ließ deshalb einen nicht mehr sauberen Verband durchscheinen. Ob sich die Frau beim Fischeputzen geschnitten hatte?

Die Reihe vor dem Jungen wurde merklich kürzer. Der Geruch aufgehaltener Einkaufstaschen glich sich jedesmal. Das Gemisch aus Fischöl, Quark, Essig roch säuerlich, widerte an.

Manche Taschen waren dürftig geflickt, die Riemen angerissen. Der Junge kam dran. Vor ihm war die Kiste fast leer. Das Gesicht des Gemüsehändlers war fleckig-rot, beinahe violett. Ein paar Äpfel legte der Mann zurück unter die Theke. Für wen wohl?

Der Junge hob seine Tasche an, damit die Äpfel ohne Druckstellen hineingelegt werden konnten. Er war froh, das Obst bekommen zu haben. Bewußt langsam, aber erleichtert, verließ er den Laden.

Als er noch einmal zurückblickte, sah er das Schild „Ausverkauft“ an der Tür. Schweigend löste sich die Menschenschlange auf. Die sieben Weihnachtsäpfel in der Segeltuchtasche des Jungen wurden auf einmal sehr schwer.

Die Bäckerei in der ehemaligen Adolf-Hitler-Straße und nun schleunigst umbenannten Lange-Straße bekam ein neues Betondach. Vater gehörte zu den Betonierern und auch Bernd, der bis zum Wechsel auf die Oberschule Vater half.

Bernd schob mit einem Brett die Mischung über der Armierung glatt. Der Zement fraß an den Händen. Bernd wickelte einen Lappen um die Finger. Das tat gut.

Ein Lastaufzug quälte sich viel zu langsam in die Höhe. Die Männer wollten fertig werden. Zu allem Überfluß brach unten die Kurbel weg. Eine Schubkarre mit Beton sauste in die Tiefe, traf aber glücklicherweise keinen der beiden Mischer, die abwechselnd Kies und Zement in die eirige Blechtrommel warfen. Für solche Deckenmaße war die Mischmaschine zu klein – aber besser als nichts.

Die unfreiwillige Pause tat gut. Der Bäcker Heßling kam herauf, goß einen Schnaps ein. War besser als Fusel. Bernd bekam Sodbrennen davon, überließ seinem Vater das Glas. Der langte noch einmal zu, für die innere Wärme.

Heiligabend am Bau! Unten wurde die abgebrochene Kurbel angeschweißt. In ein Halbrund Zechenlandschaft blickten die da oben zwischen den Eisenarmierungen. Überall Fördertürme, neue und reparierte. Die von Ickern 3/4, Viktor 1/2, Schwerin. Dazwischen der Teerkotten und die Rüttgers-Werke. Spärliche Lichter aus dem Kraftwerk, Qualm aus in Eile hochgemauerten Schornsteinen. Sie waren nicht die einzigen, die am Heiligen Abend malochten.

Bernd hatte sich auf ein Brett gesetzt, atmete tief ein. Vater hielt den Schippenstiel, stützte sein Kinn auf, spielte Arbeiterdenkmal.

Dann ging's weiter. Schubkarre rauf, Schubkarre runter. Die Trommel erbrach polternd ihre Mischung, ehe ihr leerer Magen aufs neue gefüllt wurde.

Um Mitternacht war's geschafft. Heßling ließ sich nicht lumpen. Gab zum Lohn Naturalien: Mehl, Brot, Spekulatius, die er nicht verkauft hatte. Nicht viel war übrig geblieben. Aber der Mensch freut sich.

Todmüdes Nach-Hause-Wanken. Sich mit Waschwasser den Schmerz in den Händen kühlen. Nur noch pennen. Bis in den Feiertag hinein. Wachwerden vom Schellen.

Mutter öffnete. Heßling stand in der Tür, drückte der Frau einen kindskopfgroßen Klumpen Fleisch in beide Hände. Weil Weihnachten ist. Und mit schönem Dank an die beiden. Der Mann im Unterhemd und der nicht zugeknöpften Hose unterdrückte das Gähnen, konnte nicht glauben, daß auf seinem Tisch Fleisch lag. Er nahm es, hob es hoch über seinen Kopf, wie Sieger ihre Trophäe, gab der Tür mit dem Knie einen leichten Schubs – die Wärme sollte nicht verfliegen – und sagte übermütig wie ein Kind zu seiner Frau „Frohe Weihnachten".

Wie Hunde, die nach Abfall wühlen, buddelten sich nicht nur die beiden Alten gegen den Berg. Erwachsene und Kinder suchten die Steine ab, fanden gelegentlich Brennbares, legten es in Eimer, in Kartons.

Der Alte zog an einem fast nur aus Knoten bestehendem Seil eine kleine Blechwanne den Abhang hinauf. Seine Frau trug einen zerbeulten Spaten nach. Auf den Wink des Mannes reichte sie ihn jedesmal hinüber. Der Mann schlug Löcher in den Berg, schob Stein für Stein zur Seite, fand größere Anthrazitbrocken. Die beiden warfen sich einen wohlwollenden Blick zu, der anders war als wenn sie mit dem gierigen Ausdruck einer fressenden Katze die Mitsucher fixierten, die reichere Beute an Kohle machten.

Der Mann grub sich noch tiefer in den Berg ein, mußte wohl auf ein fündiges Plätzchen gestoßen sein. Mit den Händen schob er die größeren Brocken zur Seite. Manche rollten den Hang hinunter, rissen anderes Gestein mit, klatschten unten auf. Sie verletzten aber niemanden, weil fast alle auf gleicher Höhe buddelten.

Die Frau im zerlumpten Kleid warnte den Alten. Der aber arbeitete sich unbeirrt in das Geröll ein, holte Kohlebrocken hervor, legte sie um das Loch.

Da jedoch geriet das Gefüge durcheinander, krachte zusammen, hätte den Alten bei lebendigem Leib begraben, wenn er nicht mit einem Sprung, den niemand ihm mehr zutraute, doch noch den sicheren Grund erreicht hätte. Er strauchelte dabei, fing sich in den Rockfalten seiner Gefährtin. Der Stoff riß ein, die neuen Risse fielen nicht weiter auf. Schlimmer war, daß die eingestürzte Höhle die Kohlebrocken erneut begraben hatte. Das lederne Gesicht des Mannes zeigte noch Angst. Die Frau rammte jetzt den Spaten in den Boden, kümmerte sich nicht mehr um den Alten, der sich auf einem Stein schwer atmend erholte.

Nebenan suchte der Junge nach Kohle, zerrte einen Drahtkorb mit sich, halbvoll schleppte er ihn nach unten, füllte das Gefundene in einen Sack, der auf einem Lattengestell mit vier winzigen Gußeisenrädern von Mal zu Mal dicker wurde.

Sie alle waren auf der Hut, daß ihren Schätzen niemand zu nahe kam. Unten standen umgebaute Kinderwagen, Waschkörbe mit Rädern, selbstgezimmerte Handkarren. Kleine Kinder sollten darauf aufpassen, bewarfen sich aber lieber mit Sand.

Manchmal glänzten die Steine wie Gold, oder es hatten sich Farngerippe darin eingepreßt. Auch diese steckte der

Junge ein. Alle hatten sich nach oben gearbeitet, konnten vom Kamm aus die nahen Zechenhäuser sehen. Die Dächer waren gleich, nur die Taubenschläge unterschieden sich.

Hinter den Wohnungen befanden sich die immer kleiner werdenden Stallanbauten, die schließlich in ein Steinviereck für Regenwasser ausliefen.

Zwischen Halde und Siedlung zogen sich Gleise der Zechenbahn entlang, verbanden Schächte miteinander, führten schnurstracks in das Hafengelände.

Die Lokomotive pfiff nicht. Schon ihr angestrengtes Pusten war weit hörbar. Eilig zerrte eine Frau einen beladenen Karren über die Schienen, ihr Kind half dabei mit.

Junge Männer lehnten an Zaunpfählen, taten gelangweilt, ignorierten den Zug nur so lange, bis die ersten sechs Waggons vorübergepoltert waren, dann wurden sie lebendig, hechteten auf die Trittbretter, zogen sich hoch, traten mit den Füßen Kohlebrocken herunter, als wären es riesige Maulwürfe.

Schwere Brocken sausten herab, vereinzelt gerieten sie unter die Räder, zerbarsten krachend.

Mit flinkem Sprung erreichten die Jugendlichen wieder die Schotteraufschüttung, noch bevor der Zug in das Hafengelände einfuhr. Das war ihr Alltag. Warten bis der Zug kam, nehmen, was einem nicht gehörte.

Frauen und Mädchen warfen die Kohlestücke in Handwagen, verschwanden so schnell, wie sie gekommen waren. Verwinkelte Hinterhöfe verschluckten sie.

Der Polizist kam wieder zu spät. Er quälte sein Rad über den holprigen Weg, hatte den Auftrag, diese Diebstähle zu verhindern. Die Züge kamen unpünktlich, und wo sollte er sich auf die Lauer legen?

Auch oben von der Kuppe verschwanden jetzt die Gestalten, rutschten den Abhang hinab, wollten das mühselig Zusammengesuchte in Sicherheit bringen.

Die beiden Alten hatten den Ruf „Polente“ überhört. Erst als der Junge zu ihnen hinübersprang, begriffen sie. Sie faßten in die Schnüre. Wie ein Schlitten rutschte das beladene Metallgehäuse in die Tiefe, stieß gegen Steine, saß fest, kam wieder frei, hinterließ eine unterbrochene Bahn.

Unten vermißte der Alte seinen Spaten. Er würde ihn später holen. Die Karawane mit ihren seltsamen Gefährten erreichte noch vor dem Schutzmann die Unterführung. Vielleicht wollte der Polizist auch nicht eher dort sein.

Auf der rissigen und morschen Fensterbank stand das Einmachglas und vergrößerte die Ziegelsteine der gegenüberliegenden Ställe. Das Guppiweibchen hatte gerade Junge bekommen. Peterpaul war stolz auf diesen Nachwuchs.

Noch fächerte das Weibchen über dem Glasboden. Der Laichfleck war nicht verschwunden. Der Junge sah eine weitere winzige Schwanzflosse, glasig noch und ohne Leben. Der Mutterfisch warf das Tierchen ab. Augenblicklich kam Bewegung in das Neugeborene. Blitzschnell stieß es sich nach oben zu den anderen, seine Bewegungen waren flink, fast hektisch.

Das Weibchen verharrte noch einen Augenblick, dann schwamm es mit kräftigen Zügen nach oben, jagte eins der Jungen, erreichte es, fraß es auf.

Peterpaul war entsetzt. Das Schauspiel hieß „Geborenwerden und Sterben“. Er mußte es unterbrechen. In seiner Not griff er eine Puddingschüssel aus dem Schrank, füllte sie mit lauwarmem Wasser. Mit dem Teesieb fing er das Weibchen heraus. Es hatte schon wieder eins der Jungen ins Maul gezogen. Das Tier zappelte. Wasser spritzte auf den gemusterten Balatumboden. Da fiel es herunter, schnappte nach Luft, machte Luftsprünge, rutschte dabei zwischen die Fugen der Bretter. Der Junge hatte noch versucht, es mit den Händen zu greifen. Vergebens. Er überlegte. Mit den Fingern konnte er das Tier nicht retten. Vielleicht mit einem Bleistift. Es gelang ihm. Ermattet lag es in seiner Hand, schnappte kaum noch nach Luft, er legte es in die Puddingschüssel. Es taumelte, stand schräg im Wasser. Er fand das Futter nicht. In seiner Not holte er mit dem Sieb zwei, drei Jungfische aus dem Glas, wollte sie opfern. Bewegung kam augenblicklich in das schon aufgegebene Muttertier. Gierig fraß es seine Geborenen nacheinander auf, suchte nach mehr.

Die schmutzigen Ziegelsteine spiegelten sich auch in der verzierten Schüssel wieder, nahmen bizarre Muster an.

Hinter den Mauern lauerte Teutemann mit seiner Horde. Schmutzige Mädchen- und Jungenhände hielten Super-Fletschen aus Reifengummi oder geklaute Bohnenstangen.

Teutemann war klein, dafür aber flink und zäh. Zäune übersprang er mit einem Satz und verschwand schon im Geäst der Bäume, ehe seine Kumpane noch am Stamm emporgeklettert waren. In der Schule war er keine Leuchte. Schreiben und Rechnen blieben für ihn unerreichbare Wissenschaften. Auch mit dem Singen haperte es, und eine schöne Stimme konnte doch vieles wettmachen und manch andere schlechte Zensur aufpäppeln.

Kaum Chancen also. Er schwänzte die Schule, nutzte seine Talente anderweitig.

Er wohnte in den Zechenhäusern vor dem Grutholz. Hier wurde die Straße zum Weg, führte zu der Abraumhalde und in den Wald. Die Welt teilte sich hier. Diesen Umstand nutzte Teutemann. Kam sich vor wie ein Zollvorsteher oder Wegeposten. Wer von den fremden Kindern ins jenseitige Gebiet wollte, mußte um Wegerechte bitten und Abgaben leisten: Ein Dauerlutscher gab den Weg für einen halben Tag frei, ein Molch aus einem der vielen Bombentrichter reichte für zwei Tage aus, ein Peitschendopp für eine ganze Woche. Bis zur Schule wagte er sich mit seiner Hilfstruppe vor, mußte sich doch sein Groll gegen alles, was mit Schule zu tun hatte, entladen, und er entlud sich.

Bald kamen die Schüler in kleineren Pulks mit flatternden Wischlappen an den Tornistern um die Ecke gebogen, gingen ahnungslos in die Falle.

Erst prasselten Steine, die aber mit den vorgehaltenen Tornistern abgewehrt werden konnten. Gleich darauf preschte die Horde aus ihrem Versteck hervor. Stangen sausten nieder, trafen Schulter, Kopf und Beine. Noch hielten die Mützenbommel und die dicken Jacken die Schläge ab, dann aber griffen Hände ins Gesicht und nach dem Hals. Die Keilerei war in vollem Gang. Wie es kam, daß Teutemann sich den Hals von Peterpaul auserkor, ist nicht zu sagen. Oben zudrücken und unten treten war seine List. Peterpaul stemmte sich mit aller Kraft gegen ihn, beide bekamen Übergewicht, fielen hin, wälzten sich im Staub der Straße. Peterpaul konnte mit den Armen Teutemanns Kopf fassen, drückte erbarmungslos zu, staunte über seine eigenen Kräfte. Der Gefangene schlug mit den Beinen, wollte mit den Knien in das Gemächt stoßen, schaffte es aber nicht. Keuchend und weiß geworden starrten sich beide Jungen an. Der eine hatte Mitleid, der andere hatte nun doch Angst, je mehr der Kopf eingepreßt wurde. Die Nasen bluteten leicht. Strähnig und angeklatscht waren die Haare. Überall lagen Knäuel kämpfender Mädchen und Jungen. Ein Schlachtfeld wie aus einem Geschichtsbuch.

Teutemanns Gesicht wurde jetzt rot. Peterpaul bot „Frieden“ an. Der Unterlegene schwieg. Er fragte noch einmal, drückte dabei noch fester zu. Da krächzte heiser Teutemanns Mund: „Friede“. Peterpaul fragte zurück „ehrlicher Friede?“ und „auf immer?“. Teutemann versuchte zu nicken. Der Junge ließ den Kopf frei. Beide rappelten sich auf, gaben sich die Hand.

Teutemanns Pfiff hatte Wirkung. Zerkratzte Gesichter schauten für einen Moment herüber. Begriffen: Der Krieg ist aus. Beulen und Wunden wurden gemustert, aufgerissene Nähte und zerbeulte Tornister zurechtgerückt.

Teutemann gab Anweisung. Manche seiner Horde protestierten, andere waren froh über den Friedensschluß. Querulanten beschwichtigte er mit „Basta". Die einen verschwanden in den Einfahrten, die anderen hoben ihre Tornister auf und gingen weiter nach Haus.

In die braunen Kartons griff der Bebrillte, legte Bündel neben sich auf den Tisch, riß Banderolen auf, sortierte der Größe nach. Wieder schaute er in das Gesicht des vor ihm Stehenden, verglich Familienbuch und Ausweis mit seiner Liste, hakte ab, schob eine andere Liste für eine bestätigende Unterschrift hinüber, legte den Kopierstift dazu. Jetzt erst tupfte er mit Daumen und Zeigefinger in ein Schwammdöschen, zählte die neuen Geldscheine ab: Fünfer, Zehner, Zwanziger, einen nur, das Kopfgeld für eine neue Zeit.

Sein Gegenüber schob die Geldscheine nervös in ein selbstgemachtes Ledertäschchen und steckte es umständlich in die Manteltasche.

Die Menschentraube vor den Tischen der Gaststätte Hubbert wurde allmählich ungeduldig. Der mit der Brille schwitzte, schaute über die Menschenwand hinweg zur Tür, als erwarte er von dort Hilfe.

Die beiden an den Nachbartischen waren gelassen und schneller. Sie waren den Umgang mit Geldscheinen gewohnt, zahlten sie doch alltags den Witwen und Waisen die Rente aus.

Die Anstehenden machten sich kein Bild von dem Reichtum auf den Tischen. Manche blickten skeptisch drein, besonders die Älteren; im Laufe ihres Lebens hatten sie zur Genüge Papiergeld kennengelernt. Die Frau steckte das Geld in eine Tüte. Der Verschluß der krokodillederähnlichen Handtasche schnappte ein. Mit dem Jungen suchte die Frau den Weg nach draußen. Ein Pulk Menschen mit Regenschirmen gab sie frei. Den Jungen drückte sie an sich.

In den Schaufenstern der Geschäfte wirkte dieser denkwürdige Tag der Währungsreform Wunder. Wo sich bislang nur spärlich Ware zeigte, stapelten sich Lebensmittel auf, als hätte eine gute Fee das alles über Nacht in die Regale gesteckt. Es war da, was Tage zuvor noch hinter zugigen Litfaßsäulen getauscht, in stinkenden Pissoiren heimlich gehandelt, verschachert wurde. Den beiden kam es nicht auf Zigaretten und Schnaps an. Viel wichtiger waren der Frau die Stoffe, die Mäntel. Endlich mal einen haben, der nicht bei Lersch wieder und wieder umgefärbt wurde. Dann war auch Bohnenkaffee da und weißer Zucker.

Der Junge verliebte sich in den gepunkteten Gummiball, den ledernen Fußball mochte er nicht haben. Solche Wünsche waren ihm letztlich doch zu unverschämt.

Die Frau überschlug die Preise. Ihre Träume zerstoben. Weit mehr als sie an Scheinen heimtrug, hätte sie ausgeben müssen.

Als sie in die Nordstraße einbogen, tropfte es nur noch vereinzelt aus den hohen Kastanien.

Manche Fußgänger huschten schnell vorüber, ihnen wurde angst und bange; andere blieben neugierig stehen in der Oskarstraße und blickten gespannt zu der brüchigen Baracke hinüber, aus der es wie aus voll aufgedrehten Lautsprechern dröhnte: „Fährt ein Schiff mit schwarzen

Schilden in den Rabenfjord, und ein Lied von Hedins wilden Mannen tönt von Bord ..."

Hinter nicht gerade heute zersprungenen Fensterscheiben hockten im Rund die Habinghorster Jungschärler und probten Lieder für den Dekanatswettbewerb.

Die Stühle (sie stammten aus dem HJ-Heim) waren in Kreisen um den Gußeisenofen aufgestellt, der an diesem kühlen Frühlingsnachmittag noch bullerte. Mit seinen spärlichen Verzierungen aus der Gründerzeit mochte er schon in jenen Jahren dort gestanden sein, als junge Frauen – darunter auch Mutter – hier bei den Schönstattschwestern das Kochen lernten.

Der Kaplan saß nicht bei den drei Jungscharführern vorn, vielmehr zwei Reihen hinter ihnen. Er ließ den Dirigenten gewähren, schmunzelte gelegentlich, wenn einzelne Jungen das Lied noch länger hinausgrölten, obwohl der Dirigent das Singen längst abgewunken hatte. Ein breites Grinsen in den Gesichtern der Ertappten ließ nicht auf allzuviel Beschämung schließen.

Die Baskenmütze des Kaplans hatte sich verschoben, war ihm in die Stirn gerutscht, gab ihm einen verwegenen Ausdruck.

Dem Dirigenten sauste nun schon zum drittenmal heimtückisch von irgendwoher geschleudertes Bonbonpapier gegen den Kopf. Nur mit äußerster Mühe ignorierte er diese Attentate. Er wollte sich keine Blöße geben. Sein kreideweißes Gesicht blickte nun häufiger in die Richtung, aus der er die autoritätsuntergrabenden Angriffe vermutete.

Unter den Jungscharführern war auch Bernd, der nun nach vorn kam und ein geplantes Zeltlager am Möhnesee auf den Ufern des Graf von Opelschen Besitzes erläuterte. Er machte allen den Mund wäßrig, sprach von Gulaschkanone, Lagerfeuer mit geröstetem Speck, Lagerzirkus und Abenteuer. Schließlich mußte er zur Ernüchterung einen

Unkostenbeitrag von 15 DM nennen, als winzigen Zuschuß zu den Verpflegungskosten. Alles andere würde organisiert. Nicht nur Peterpauls Gedanken verrieten Kümmernis: Konnten die spärlichen Lohntüten mancher Väter diesen Betrag verkraften?

Ein Kanon wurde gesungen. „Wer holt uns über ans andere Ufer?" Der Vorsänger schnitt mit abgehackten Armbewegungen je ein Drittel aus dem Kreis der Versammelten heraus, wobei er darauf achtete, daß auch die tieferen Stimmen gerecht aufgeteilt wurden. Der Kaplan sang jeweils bei denen mit, deren Stimmen abzubröckeln drohten.

An der wasserfleckigen Barackendecke bewegte sich das neue, noch weiße Jungscharbanner mit seinem PX ununterbrochen. War die aufsteigende Ofenwärme oder das Vibrieren des Raums daran schuld? Das gestochene „Zicke-Zacke-Hei-Hei-Hei" beendete nach dem Kanon das Treffen. Draußen palaverten Grüppchen, sponnen die Lagerpläne so intensiv weiter, als würde morgen schon gestartet. An die Fahrtkosten wollte keiner mehr denken.

Der „Nordstern" leuchtete selten heim, vielmehr zog er an, hielt fest, was sich orientiert hatte, um es dann später angeschlagen auf den restlichen Heimweg zu schicken.

Reinbothes Gastschenke hatte sich den Namen „Nordstern" nicht zu Unrecht zugelegt. An der Ecke Römer-Nordstraße gelegen, günstig gelegen, liefen nach Schichtwechsel und Geldtag die Kumpel zuerst diesen markanten Punkt an, liefen auf, wie die Seeleute beladen mit blaukarierter Bagage. Das Helle spülte den Kohlenstaub weg, den vorher der Kurze nur anfeuchtete. Manchmal standen die Stühle noch kopf, wenn sich die ersten Gäste einfanden, und standen schon kopf, wenn der letzte heimtorkelte.

Die Reinbothe-Brothers waren Künstler der leichten Muse. Der eine spielte die Tagesschlager gekonnt auf dem Klavier, der andere sang dazu, das Repertoire richtete sich nach den Gästen.

Zur Nachtstunde gelang es den beiden, künstlerisch zu werden. Sie trugen Arien aus dem „Freischütz" vor oder krochen in die Rolle des „Bettelstudenten".

Vater ging nicht in Wirtschaften, obwohl auch er es bitter nötig hatte, seinen Zementstaub wegzuspülen. Hin und wieder ließ er sich Bier holen, Mutter bekam auch davon ab.

Peterpaul wartete dann mit der Aluminiumkanne vor dem winzigen Schalter auf den Ruck, der das kleine gardinenbesetzte Fenster nach oben warf, wartete auf die Kommandostimme des Wirts, mochte lieber von der hübschen Wirtin bedient werden, sah schließlich die Kanne unter dem Zapfhahn stehen, sah wankende Männer vor dem Tresen, heftig dreinredend, diskutierend über Politik und Alltag. Runden wurden angemeldet. Der Wirt nickte, hatte verstanden. Die Gesprächsfetzen reichten nicht aus, um Aufschluß über die Meinungen des einzelnen zu geben. Hinten saßen ein paar in sich zusammengesackte Gestalten, brummelten vor sich hin, hatten mit sich genug zu tun. Nebenan droschen andere Skat, taten so, als wären sie allein da. Das waren die Handwerker und gelegentlich auch Lehrer. Waren Lehrer dabei, steckte der Junge seinen Kopf nicht so weit in die Luke, beobachtete die flinken Hände des Wirts, der geschickt die Gläser über die Bürsten stülpte, Kurze über mehrere Gläser hinweg einfüllte, rechtzeitig vor dem roten Rand haltmachte. Im Durchzug bewegten sich die Reste von Karnevalsdekorationen. Der Junge bezahlte, das Fenster rutschte in seine Verankerung zurück, verwehrte weitere heimliche Einblicke.

Spät nachts grölten sich die Wirtshauskunden heimwärts, tasteten sich hilfesuchend an Zäunen entlang, pinkelten ausgiebig und langwierig wie Pferde, erbrachen sich dabei, weil der Magen längst nicht mehr alles vertrug, torkelten weiter bis zur Laterne, fanden in den Rillen Platz für einen Arm, sahen hinein in das Licht, erkannten in ihm einen neuen Gesprächspartner und schütteten ihr Herz aus, jammerten und lachten im Wechsel, klatschten dem Pfahl wohlwollend in die Weiche, stießen sich ab, verschwanden aus dem Lichtkegel, waren noch lange zu hören.

Bernd griff sich den Packen ro-ro-ro-Romane von der Kommode, stapelte diese zeitungsähnlichen Notdrucke neben den Ofen, paßte aber auf, daß die Hefte nicht durch die Hitze litten. Bevor er den Kommodendeckel anhob, drehte er leise den Schlüssel seiner Zimmertür ins Schloß.

Im Innern der Kommode waren eine Holzlokomotive verborgen und schon angefertigte Teile für Waggons und Tender, auch die Räder lagen bereit. Es sollte ein Geburtstagsgeschenk für den Bruder werden.

Bernd verschraubte die Zwinge an der Tischkante. Bald fraß sich die Laubsäge ins Sperrholz. Kleine Vierecke für die Aufbauten wurden noch benötigt.

Peterpaul versuchte von der Küche her, die Geräusche aus dem Nebenzimmer zu deuten. Er vermutete, daß sein Bruder für die Schule arbeite. So drehte er den blindgeputzten Volksempfänger wieder etwas lauter. Jemand sang „In der Nacht ist der Mensch nicht gern alleine ...“; dabei schwoll das störende Rauschen im Apparat an, ebbte ab, wurde noch lauter. Der Junge prockelte den blanken Draht tiefer ins Gerät hinein; das Rauschen ließ nach.

Bernd klebte die Achsen unter die Rundhölzer. Der Kaltleim roch schon säuerlich, wollte auch schlecht trocknen, deshalb hämmerte er einen Nagel ins Holz. Schmirgelpapier glättete die Kanten. Die Lampe auf dem Tisch gab wenig Licht ab, der Schirm schluckte es auf.

Der Bastler steckte die Räder auf, blockierte die Enden der Achse wiederum mit Nägeln, rollte den Wagen auf der Tischplatte hin und her. Es klappte. Der Kanonenofen summte leise. Die Wärme tat gut.

Bernd steckte sich die Zigarette in den Mund, die er für Nachhilfeunterricht in Deutsch von den Eltern eines Schülers am Nachmittag bekommen hatte. Er verzog den Mund, wie er es bei Gary Cooper im Film gesehen hatte, zündete die Zigarette aber nicht an, Vater sollte sie bekommen.

Der Mann auf dem Kutschbock nahm die Flöte von den Lippen, der langgezogene Ton brach ab, wurde durch den heiseren Ruf „Lumpen, Eisen, Papier, Kaninchenfelle" ersetzt. Die sparsame Melodie hatte den Jungen aufhorchen lassen. Der Lumpensammler hatte angehalten, wartete auf die Wirkung seiner Aktion. Seine Mähre warf den Kopf zur Seite, verscheuchte die lästigen Fliegen, die sich am Schweiß zwischen Decke und Bauch sammelten.

Peterpaul zerrte einen Sack mit Papier hinter sich her, trug ihn, zog ihn wieder, erreichte das Gefährt. Der Ofen auf dem Wagen sah fast so aus wie der aus der Küche. Löchrige Dachrinnen und verrostete Bleche fanden zwischen Ofen und abgeschabter Wagenwand noch Platz. Ein verbeultes Fahrrad hatte sich mit Lenker und Pedalen im Blechwirrwarr verhakt.

Das Papier im Sack stammte von zerfledderten Zementtüten, Tapetenresten, vergilbten Hör-Zus. Der Mann legte die Flöte wie ein Kleinod auf das Schaffell, quälte sich vom Wagen, weil ihm das Heruntersteigen Schwierigkeiten machte, ging unbeholfen nach hinten. Erst jetzt bemerkte der Junge, daß der Mann ein Holzbein nachzog. Der Mann rückte ein Blech zur Seite, eine Eisenwaage kam zum Vorschein. Der rostige Arm pendelte. Ehe der Zeiger stillstand, sagte der Alte: „Einsfuffzich“. Der Junge war einverstanden. Die Bleche schepperten, als der Sack nachgeschoben wurde.

Der Junge fragte den Lumpensammler, ob er auch Silberpapier ankaufe und was er dafür gebe. Peterpaul dachte an den Klumpen Staniolpapier, den Mutter zu einem Ball hatte anwachsen lassen. Auch er hatte dazu beigetragen, fand sich doch in den leeren Zigarettenschachteln in den Gossen silbriges Papier. Allerdings war das Sammeln dieser Papiere nur ein zufälliges Nebenprodukt, dem Jungen kam es vielmehr auf die Schachtelhülle an, auf die Vorderseiten von „Overstolz“, „Peer“, „Collie“, „Gold-Dollar“. Er sammelte sie für das Hamsterspiel, bei dem mehrere Mitspieler nacheinander ihre Karten auflegten. War die nachfolgende gleich, dann gehörte dem glücklichen letzten der stattlich angewachsene Stapel.

Die Frau kam mit, trug den Klumpen unterm Arm, der Junge drückte mit beiden Händen von der Seite dagegen, machte ihn leichter. Der Invalide hielt noch immer die Waage, ließ jetzt aber den Zeiger behutsam auspendeln. Alle schauten genau hin. Ehe er das Geld auszahlte, stach der Mann mit einem spitzen Eisenstück in den Klumpen hinein, pellte ihn auf wie eine Kastanie, war zufrieden.

Die Frau nahm das Geld, steckte es in die Schürzentasche. Unterwegs überlegte der Junge, ob er das Papier nicht lieber zu Schmitz hätte bringen sollen; er hätte Hefte dafür bekommen, keine holzhaltigen, und ein paar Bleistifte.

Glück gehabt! Er hatte es geschafft und war Ministrant geworden. Er hatte das „Confiteor“ in der Sakristei aufsagen können. Alles andere klang, aus der Verbeugung heraus gemurmelt, ebenfalls echt.

Am liebsten diente er in der Frühmesse. Der Tag war dann länger, und in der Frühe um sechs Uhr waren die Straßen noch voller Stille, selbst die Glocken hatten Mühe, ihren Takt und Gleichklang zu finden.

In den Bänken saßen nur wenige, meist alte Frauen und kaum Männer. Ein paar junge Frauen, Witwen. Sie blieben für Wochen die gleichen, wechselten nur selten in eine andere Meßzeit über.

Trockener Husten hallte im Kirchenschiff wider und die Geräusche fallender Münzen, wenn jemand eine Opferkerze wegnahm. Schlurfschritte kratzten lauter als sonst, das unachtsame Auflegen von Krückstöcken wurde zu einem Poltern.

Küster Schmülling schickte den Frühdiener zur Zeitüberbrückung gelegentlich allein an den Altar, wenn der Kaplan nicht rechtzeitig kommen wollte, zogen sich doch die Diskussionen mit den Pennälern oder den Chormitgliedern oft bis tief in die Nacht hin. Die wartenden Frauen im harten Gestühl gönnten dem Geistlichen diese paar Minuten mehr an Schlaf nicht. Der Junge schaute in das flackernde Kerzenlicht, manchmal schien eine Kerze zu erlöschen. Oben im Chorrund lächelten sechs Gipsengel ihr verklärtes Lächeln, bis auf den einen, dem ein Schrapnell das Gesicht bis zur Unkenntlichkeit zerstört hatte. Unter ihnen las der Junge das Spruchband: Venite ad me omnes, qui laboratis, et onerati estis, et ego reficiam vos, zusammenhanglos erst, dann versuchte er die Worte zu übersetzen, ließ es aber bald bleiben.

Ein den Kirchenfarben entsprechender Vorhang wehte hinter dem Altar gelassen vor und zurück und gab nur ungern Einsicht in die Geheimnisse, die er zu verbergen hatte: Leitern, ausrangierte Blumenkübel, lädierte Kerzenständer, Fahnenstangen, Eimer und Aufnehmer. Der Kaplan kam. Aus dem Reich der Träume, in das ihn die wolkenartigen Gebilde auf den Marmorstufen geführt hatten, kehrte Peterpaul zurück. „Ad deum, qui laetificat juventutem meam..." Das Rasseln des Lungenflügels machte dem Geistlichen zu schaffen, zwang ihm Atenpausen ab, die nicht beabsichtigt waren. Das war sein Kriegsmitbringsel: Lungendurchschuß.

Die knappen Predigtworte vom Altar aus versöhnten die Gläubigen, veränderten die kleine Sechs-Uhr-Gemeinde für Sekunden, Minuten. Vergessen waren das lange Warten, die einsam geflüsterten Rosenkranzgebete.

Nach den Frühmessen absolvierten die Geistlichen ihre Versehgänge, ihre Krankenbesuche. Mit beschlagener Messinglaterne und einem zarttönenden Glöckchen ging der Junge im roten Rochett voran, gefolgt vom Priester, der die Hostie verdeckt vor seiner Brust trug.

Wenige Menschen beugten sich hinunter, die meisten hasteten achtlos vorbei, ihren Arbeitsstätten entgegen. Das Paar wich dem Unrat und den Pfützen der Straße aus, umging abgestellte Karren. Zerrissene Plakate spotteten mit Versen, die den Himmel auf Erden versprachen. Nur die Baumkronen bildeten einen würdigen Baldachin, scheuchten ein paar zu laute Krähen fort, die unwillig aufflogen. Erst wenn die Treppe knarrte, wenn sie hinaufstiegen zu dem Kranken, zu dem Sterbenden wich die Wortlosigkeit. Ministrant und Angehörige blieben im Zimmer nebenan zurück. Der Kranke beichtete, ehe ihm die Hostie auf die Lippen gelegt wurde.

Nach dem Kommunionempfang kehrte Leben in die eingefallenen Wangen des Kranken zurück: sie röteten sich leicht. Im Überschwang drückte der Kranke dem Priester die Hände, der sie ohne zu zögern festhielt. Hoffnung und Erleichterung drangen in die ungelüfteten, muffigen Krankenstuben.

Auf dem Rückweg hatten sie ihre Alltagskleidung an.

Die Kerze in der Laterne war erloschen, die Glocke verstummt. Gespräche kamen auf, Fragen wurden gestellt und nicht immer beantwortet. Sie lieferten ihre Gewänder in der Sakristei ab und gingen beide zur Schule, der eine als Religionslehrer, der andere war sein Schüler.

Unter den provisorischen Sitzbänken waren die Rucksäcke verstaut. Der Opel-Blitz von Dufhues, sonst mit Speditionsgut befrachtet, trug die Jungschärler ins Sauerland.

Außerhalb der Städte verwehte der Fahrtwind Lied um Lied.

War eine Polizeistreife in Sicht, tauchten die Jungenköpfe unter. Welcher Fahrer wollte sich schon mit dem „Du darfst" und „Du darfst nicht" eines solchen Transports auseinandersetzen? Das Tun war diesem Fahrer wichtiger.

Die Zelte standen schon, eine Vorhut hatte sie Stunden vorher errichtet. Die Kleineren bezogen das 25-Mann-Zelt, das „Zirkuszelt", die Größeren teilten sich in die Zwei- bis Fünfmann-Zelte.

In einer Gulaschkanone, von englischen Besatzungssoldaten ausgeliehen, brodelte Wasser für Tee.

Strohballen wurden verteilt, ausgefranste Decken aufgelegt. Duft von Stroh vermischte sich mit dem von Kiefern und Buchen.

Unten am Ufer blubberte es im Schilf. Frösche quakten gegen diese seltene Unruhe an. Spiegelglatt lag das Hevebecken da. Einige vom Vorkommando saßen auf einem Floß und angelten mit einfachen Drahtschlingen dem Grafen Opel ein paar Forellen weg. Eine kleinere Gruppe sorgte für Feuerholz. Einzelne schlugen den Weg durch das Dickicht ein. Ihr Ziel war die Latrine.

Der Kaplan kam vom Schwimmen wieder. Ein aufdringlicher Lagerfotograf war überall dabei, knipste auch den geistlichen Lagerbeistand und wußte da noch nicht, daß gerade dieses Foto in der Gemeinde Habinghorst für Aufregung sorgen würde. Im Schaukasten blieb der Kaplan in Badehose nicht verborgen. Empörte Frühmeßbesucher belegten ihn mit ihrem Bann und waren erst zufrieden, als der Schaukasten zerstört am Boden lag.

Gruppenführer hefteten Lagerpläne an die Bäume in Zeltnähe. Von der Essenszeit bis hin zum Termin für den Lagerzirkus war alles Wichtige vermerkt.

Peterpaul hockte zwischen den Seilen des großen Zeltes und zurrte sie fest; ihm war diese Aufgabe zugefallen.

Weit hinten zwischen den Stämmen stand Bernd; er sprach mit dem Geistlichen, deutete mit einem Arm zum Wasser hin. Beide lachten. Ein Kaninchen hoppelte gegen die gespannten Seile. Der Junge merkte schnell, daß es blind war. Er scheuchte es ins Gebüsch zurück, hatte Mitleid mit ihm.

Zäh und mit Talent hatte der Kaplan bei den Besatzungsdienststellen das erbettelt, was mit Heißhunger von der Jungschar vertilgt wurde. Frisches Brot kam von einer Krankenhausbäckerei.

Für besonders saubere Zeltvorplätze gab's für alle zusätzlich Dosen amerikanischer Marschverpflegung: Schnell waren die Deckel aufgezogen und das, was Jungenherzen begehrten, kam zum Vorschein: Schokolade, Erdnüsse, Zucker, Biskuit.

Vaters zerbeultes Kochgeschirr hatte lange nicht solch eine Fülle fassen dürfen, vielleicht niemals zuvor.

Die Größeren ließen sich von denen aus dem Zirkuszelt das Geschirr spülen, um Zeit für einen Sprung ins Wasser zu gewinnen. Gegen Abend saßen die Gruppen am Feuer. Funken stoben in die Höhe, Qualm biß scharf in die Augen. Flammen würzten Fisch und Brotscheiben. Die Sichel des Mondes wurde zwischen den Baumkronen sichtbar. Die Lieder waren heute nicht laut – wer mochte das Träumen stören?

Mit raschen Bewegungen zog die Frau die Roggenhalme zu sich heran, schob sie hinüber zu dem Bündel unter den linken Arm, das von Mal zu Mal größer wurde, bis der Arm es nicht mehr umfassen konnte. Die Frau zerrte an einem Bindfaden, von denen sie sich mehrere – wie von den Mönchen abgeguckt – um ihre Hüften geknotet hatte. Das fertige Bündel warf sie dem Jungen zu. Ihm gelang es selten, es rechtzeitig zu fangen. Er bückte sich, stellte es zu den anderen zu einem Kral zusammen. Viel lieber hätte er in den Strohhaufen getobt, alles wieder durcheinandergeworfen, aber hier ging's ums Arbeiten, ums Verdienen.

Noch vor der Pause schob eine der Frauen dem Jungen eine leere Porzellanschüssel zu, gab ihm Marken und Geld. Bei Silken sollte es heute Quark geben. Er trottete barfuß davon, froh darüber, daß er bald die Wiese erreichte. Das hohe Gras tat gut. Schwarz-weiße Kühe kauten gemächlich wieder. Ihre Euter waren prall gefüllt. Am Horizont schimmerten neben der zerstörten Kanalbrücke die Blätter der Baumkronen silbrig. Die schmale Linie des Kanaldamms erreichte die winzigen Fachwerkhäuser, verschwand hinter dem Emscherdeich.

Peterpaul zwängte sich durch die Buchenhecke, war auf dem Friedhof. Unkraut verbarg vergessene Kindergräber. Auf einem Stein las er „Helmut Mehring, geb. 4. 12. 39, gest. 5. 2. 40".

Ein Blei-Engel schaute versonnen in Richtung der Soldatengräber. Birkenkreuzen waren saubere Stahlhelme übergestülpt, kein Einschuß, keine Beule. Die Litanei der Namen war flüchtig in Holz eingeritzt. Die Gefreiten und Unteroffiziere lagen beieinander. Auch die Offiziere gehörten dazu. Ein Extrastein trug zusätzlichen Text: „Den Heldentod starben im Kriege 14–18" – es waren wenige Namen vermerkt – „und im großen Kriege 39–45": Die Reihe der Namen wollte nicht enden. Ein paar Meter weiter verdeutlichten protzige Gruften die Liebe zu den

Toten und zum Geld. Hier lagen die Geschäftsleute, Bauunternehmer, Betriebsinhaber.

Bescheidener gaben sich die Einzelgräber. Wenige verrieten den Namen des Toten.

Der Junge erreichte endlich die Straße nach Henrichenburg. Scharfkantiger Splitt schnitt ins Fleisch. Neben der Straße hatten sich Bombentrichter in kleine Teiche verwandelt. Aus Wasserpflanzen heraus ragten Eisenteile. Der Junge hob Steine auf, schleuderte sie gegen die Stangen, traf. Bückte sich noch einmal. Dabei rutschte ihm die Schüssel aus der Armbeuge, schlug auf, barst in zwei Teile. Erschrocken fügte Peterpaul die beiden Scherben wieder aneinander. Die Schüssel blieb nur so lange ganz, wie er die beiden Teile zusammenpreßte.

Ob er sie mit Uhu zusammenkleben konnte? Vielleicht gab ihr auch Mutter eine andere, wenn die Frau damit einverstanden war.

Er lief jetzt den Pfad zur Notbrücke hinunter. Die losen Bohlen klapperten. Schwarzblaues Emscherwasser klatschte gegen die Pfähle, konnte sich eben noch unter die Bretter zwängen. An manchen Brettern hatten sich Kloakenreste festgesetzt.

Von gegenüber zog ein Mann einen Handkarren heran, blieb in Höhe des Jungen stehen, spuckte Gelblich-Rotes ins schmutzige Wasser. Der Junge drehte den Kopf weg.

Nur wenige Menschen standen vor der Theke. War nichts mehr da? Er ließ sich bald für das Geld die Quarkportionen einpacken. Sie waren billiger, als die Frau angenommen hatte. Das würde sie günstiger stimmen, der zerbrochenen Schüssel wegen.

Auf der Wiese wurden die Kühe gemolken. Die Bäuerin faßte beherzt in die Euter, schaute fragend den Jungen an. Der Eimer zwischen ihren Knien war noch leer.

Auf dem abgemähten Kornfeld banden die Frauen die letzten Garben.

Eine Kellerassel quälte sich hinauf bis an den Holzrahmen des Fensters, fand in den Rissen Halt, versuchte sich an der Scheibe hochzuziehen, rutschte ab, rollte über die Fensterbank, stürzte in die Tiefe. Bernd hatte das winzige Tier entdeckt, kam ab von seinem Aufsatzthema.

Bernds Blick fixierte die gegenüberliegenden Stalltüren, die mit Teerfarbe getränkt wie abgebrannt aussahen, als wären sie Verschläge von Unterständen.

Jede der drei Türen besaß eine eigene Verriegelung. Vaters Stalltür hielt ein schmales Holzspinnchen tagsüber zu. Nachts hinderte ein kleines Vorhängeschloß das Aufdrücken der Tür. Nebenan übernahm ein Riegel diese Funktion, während Murchaus Tür von einem schweren Doppelriegel geschützt wurde. Nur hinter dieser Tür verbarg sich Getier: Hühner, Kaninchen und das putzige Ferkelchen, das die Hühner nachts wachgrunzte. Dann wurde auch Bernd wach.

Frau Murchau huschte mit einem Topf dampfender Kartoffelschalen unter dem Fenster vorbei. Der Aufsatzschreiber erwartete das grelle Quieken des aufgeregten Tiers. Später bremste Herr Murchau sein Fahrrad mit Hilfs-Motor ab, ließ einen schweren Sack vom Gepäckträger rutschen, rief seine Frau. Noch ehe sie herunterkam, war er schon wieder davongeknattert. Der Sack barg Wirsing, Kohlraben, Kartoffeln.

Mutter schloß die Seitentür ab. Das Scharren von Eisen gegen Eisen störte Bernd. Sie ging einkaufen in einem der nahen Lebensmittelläden. Er vermutete es jedenfalls, weil sie die Einkaufstasche unterm Arm hatte. Mit den zusammengekratzten Pfennigen würde sie Margarine und Brot kaufen. Vielleicht ließ sie anschreiben. Bei wem reichte schon der karge Lohn bis zum Ersten? Bei den Bergleuten, die zweimal im Monat Lohntag hatten? Die auch die Care-Pakete bekamen? Bernd starrte auf die Ziegelmauer gegenüber, die sich in ihrer Eintönigkeit das ganze Jahr gleich blieb. Den Winter verriet manchmal der Schnee auf den Kanten der querverlaufenden Holzlattung. Spuren von Grün in den Fugenritzen, vielleicht ein Farnkräutchen oder Moospölsterchen deuteten an, daß Frühling oder Sommer war. Ein Windvogel, der sich in das taschentuchgroße Blau über dem Oberlicht verirrte, sagte, daß die Felder abgeerntet waren und der Herbst seinen Einzug hielt.

Daß draußen noch mehr Leben war, erfuhr er durch die vorbeiwehenden Spinnweben eines Altweibersommers oder durch den Irrflug eines jungen Spatzen, den eine wilde Jagd gegen die Scheiben warf.

Bernd beugte sich wieder über das Packpapier und schrieb weiter.

Vater schlug zu. Nicht daß er einem Menschen etwas antat, vielmehr sauste der spitze Keil einer Spitzhacke in den harten Boden, rammte sich ein, lockerte knochenharte Erdschollen. Der Boden hatte jahrelang brachgelegen. Meterhoch war das Unkraut aufgewachsen. Was Onkel Töne dazu gebracht hatte, diese verwilderte Scholle an Vater abzugeben, ahnte niemand. Mag sein, daß sich die Gartennachbarn in letzter Zeit energischer über den Flugsamen beschwert hatten. Oder war es pure Geberlaune dieses Mannes mit der Nickelbrille?

Vater war jedenfalls froh, das bearbeiten zu können, was ihm das Leben bisher versagt hatte: ein Stückchen Land.

Mit Mutter war schon alles abgesprochen. In der Vorstellung wuchsen sie schon heran die goldgelben Kartoffeln, die daumendicken Möhren, taunasser Salat, wachsweiße Bohnen. Vielleicht wurde auch ein goldfarbener Kürbis reif?

Das Feuer brannte unentwegt. Qualm legte sich über die Parzellen der Nachbarn, zog hin bis nach Kleinalstedde.

Die Nachbarn verziehen den lästigen Geruch, freuten sich wohl mehr darüber, daß nebenan endlich Ordnung geschaffen wurde.

Vaters wenige Haare waren naßgeschwitzt. Das löchrige Hemd klebte am Körper. Nähte waren gerissen. Der Mann zertrat angefaulte Pfähle, morsche Bretter. Der Junge half mit, war genauso emsig. Auch er sollte ein kleines Beet abbekommen. Dafür lohnte sich der Einsatz. Vaters neuer Spaten brach die Erdkloben auseinander. Tiefes, feuchtes Braun lag vor dem Mann, vermehrte sich Meter um Meter. Endlich war es geschafft. Das Feuer konnte ausgehen und brauchte keine Nahrung mehr. Dafür lebte jetzt die Scholle auf. Würmer und Käfer krochen heraus in ihre Freiheit.

Vater saß auf einer Holzkiste, lächelte vor sich hin. Dachte er an die Blütenpracht im nächsten Jahr, oder an eine kleine Laube, eine Liebeslaube?

Da stand der Onkel vor ihnen. Betrachtete wohl wie Gott Vater nach dem sechsten Tag der Schöpfung das Geschaffene, fand daß es gut war, klopfte wohlwollend und anerkennend die schweißnasse Schulter seines Schwagers. Das Grinsen in seinem Gesicht war ungut. „Den Garten darf ich dir nicht geben", waren die Worte, die einen Traum zerstörten. Der Anblick des bearbeiteten Gartens war zu verlockend, als daß Onkel Töne sich davon hätte trennen können. Aus den vielen Scheinen seiner Brieftasche suchte er einen Zehner heraus, steckte ihn in Vaters Hemdtasche, klopfte noch einmal auf Vaters Schulter. Der Fall war erledigt.

Vater, weißgeworden im Gesicht, räumte still und verloren Spaten und Besen zusammen. Bevor er ging, spuckte er seinen teerfarbenen Hannewacker-Priem direkt vor die Füße des Onkels, verließ grußlos den Mann, der ihm nicht nur die Arbeitskraft der letzten Tage geraubt hatte.

Schulkameraden saßen auf dem Steinpodest zum Klo, fächerten sie auf: Tilkowski, Otmar und Fritz Walter, Posipal, Rahn und Eckel. Einer hatte Tilkowski doppelt. Peterpaul brauchte noch Posipal. Sie sortierten aus, reichten sie sich zu, legten zur Seite. Peterpaul war froh, daß sein Gegenüber das Bild mit dem Knick unten nahm. Sicher war es für den anderen schwer zu bekommen. Der Junge neben ihm griff unter den Pullover, zog ein Album hervor, blätterte stolz darin, legte das Getauschte hinein. Seiten waren noch frei. Ein anderer las Mannschaftsaufstellungen vor, bekam beim Namen „Helmuth Rahn" Beifall. Einer rief „Toooor!" und warf seine Arme hoch.

Peterpaul steckte die Bilder vorsichtig in die hintere Hosentasche. Morgen durfte er wieder Margarine kaufen. Wen sollte er sich dann aussuchen?

Schnee knirschte unter den Rädern. Der Junge stemmte sich mit aller Kraft gegen den schweren Wagen, kam mühsam voran.

Tante Hannchen hatte Mutter ein paar Zentner Kohlen versprochen. Bergleute bekamen Deputat, so auch Onkel Emil. Zu Hause mußten Kohlen für teures Geld gekauft werden. Manchmal überließen Bergleute aus der Nachbarschaft Mutter drei, vier Eimer Kohlen, wenn ihre Keller proppenvoll waren.

Peterpaul legte leere Säcke auf seine kostbare Fracht, damit verborgen blieb, was er transportierte. Das Ächzen des Karrens verriet einen schweren Inhalt, die regelmäßige dunkle Spur aus Kohlenstaub gab restliche Hinweise.

Eine vollbusige Frau schaute aus einem Fenster gleichgültig dem Gespann zu. Ein junger Mann überholte den Karren, war in Gedanken woanders. Es schneite leicht. Auf dem durchglühten Gesicht des Jungen schmolzen die Flocken schnell.

Ein paar Straßen weiter konnte er nicht mehr. Ihm wurde schwarz vor Augen. Die Deichsel fiel in den Schnee, der Wagen stand auf Anhieb. Peterpaul setzte sich auf die schmutzigen Säcke. Sein Atem warf helle Dunstschleier auf.

Nach der Pause suchte sich der Junge ein Nahziel aus, stemmte sich wieder in den Schnee. Die Deichsel schlackerte hin und her, sie war ausgeleiert.

Er dachte daran, jetzt in einem Bauernschlitten fahren zu dürfen, eingekuschelt in warme Decken, vornweg zwei schlanke Pferde.

Aber alles war anders. Er war das Pferd, vermochte kaum seinen Wagen voranzubringen. Die Landschaft glich auch keinem Märchenwald: Hauswände, grau, fremd, naß geworden.

Am Kiosk hätte er sich gern eine Stange Lakritz gekauft. Aber die Groschen von Tante Hannchen wogen zu schwer, als daß er sie verschluckern mochte, er brauchte sie auch für ein Bündel Buntstifte.

Die Eisenbahnüberführung machte ihm Kopfzerbrechen. Wie sollte er es bergan schaffen? Oben schoß ein Zug vorüber, zog ein Fensterband ratternd hinter sich her, dann folgten rostfarbene Güterwagen. So schnell er konnte, ließ der Junge den Wagen das Gefälle hinunterrattern. Zum Glück lag unter der Brücke kein Schnee. Die Eisenbänder an den Rädern polterten gegen die nassen Basaltköpfe. In den Verstrebungen verstärkte sich das Scheppern.

Der Schwung reichte aus. Ehe ihn die Kohlenlast zurückdrücken konnte, war die Steigung geschafft.

Zwischen den Häusern näherte sich der Förderturm von Viktor 1/2. Eilig drehten sich die beiden Räder, machten wie auf Kommando halt. Das wuchtige Tor am Eingang zum Zechengelände war zu, kein Schichtwechsel.

In einem Schaufenster mit teuren Pelzen spiegelte sich das langsame Gefährt. Beim Anblick der Pracht fielen

Peterpaul nur die beiden kümmerlichen Fuchsschwänze an Mutters Sonntagsmantel ein.

Rechter Hand verkleinerte sich perspektivisch die lange Mauer des Betonwerks zu einem Keil. Lastwagen brachten Kies, andere fuhren mit überdimensionalen Rohren davon. Ein Kran biß sich fest in den Berg aus Rheinsand. Vater war nicht zu sehen.

Regelmäßig rasselten Straßenbahnen vorüber, warfen Schneematsch auf. In den Leitungen über ihnen funkte es blau-grün.

Vom breiten Dach der Zwiebelturmkirche rutschten Schneeklumpen wie Lawinen herab. Die Eichen und Kiefern im Wäldchen nebenan hatten bereits ihre Schneelast verloren.

Im geöffneten Fenster an der Polizeiwache war nur das Gesicht eines Schutzmanns zu sehen. Er biß gerade in eine Birne.

Gelegentlich traf der Junge auf Bekannte, auf Straßenbewohner. Manche lächelten zu ihm herüber. Ob es so etwas wie Wiedersehensfreude oder Bedauern und Mitleid bedeuten könnte, blieb unklar. Er schloß auf Bedauern und Mitleid und schämte sich.

Die Glocken der Josefskirche läuteten zur Andacht. Der Turm trug ein Brettergestell; Arbeiter besserten Geschoßnarben aus.

Bald erreichte der Junge die heimische Hofeinfahrt. Noch einmal ein Zusammenreißen aller Kraft, um die Steigung zu bewältigen, dann ein erschöpftes In-den-Sessel-Sinken und ein zufriedenes Muttergesicht.

Die Kohlen würden für ein paar Wochen reichen.

Vom Hof aus war die Silhouette von Viktor Ickern 3/4 gut zu sehen. Neben dem Förderturm pusteten ein größerer und ein kleinerer Schornstein ihren Rauch gegen den

Himmel, meistens nach Nordost. Dabei entstanden über den Dächern langgezogene Wolkenbänder.

Heute flatterte auf dem Förderturm eine schwarze Fahne auf halbmast. Drei Kumpel waren unten geblieben, Strebbruch. Aus für die drei mit dem Genießen des neuen Tages, vorbei mit dem Klönen am Tresen, mit dem Angeln am Kanal. Aus mit dem Auf-Reise-Schicken der Tauben. Kein politischer Maigang mehr, keine Demonstration. Zurückgeblieben drei blühende Frauen als Witwen, fünf noch schulpflichtige Halbwaisen.

Nach Schichtwechsel gingen nur wenige zu Reinbothe, es kam keine Stimmung auf, heute waren sie nicht zum Flachsen aufgelegt.

Der Beerdigungstag, eine bedrückende Last für alle.

Herr Zoch, der Nachbar, hatte seine Knappenuniform angezogen. An der Kappe wippten die Federbüsche auf und ab. Die Knöpfe blinkten genauso hell wie die mit Wenol geputzte Grubenlampe. Herr Zoch gehörte zu den Bergleuten, die stellvertretend für die Belegschaft den Sarg begleiteten, die Schicht mußte weiterlaufen, wenn auch reduziert, weil die Kumpel aus der Nachbarschaft und auch die von der gleichen Gruppe während der Beerdigung fehlten.

Nun lungerte Herr Zoch gelangweilt zwischen den Ställen herum. Er hatte einen blauen Arbeitsanzug an. Der Gang zum Grab war beendet, das unwohle Gefühl in der Magengegend noch nicht verschwunden. Er war nicht mit den anderen eingekehrt. Er vertrug's nicht. Schließlich säuberte er die Kaninchenställe, legte Bretter zurecht, bepinselte sie mit Karbolineum. Der Bergmann war nicht mit sich im Einklang: Wer wird morgen unten bleiben?

Er griff sich jetzt den fettesten Bock. Gezielt traf ein Handkantenschlag das Genick. Das Tier schrie nicht auf. Ein Stich mit dem Küchenmesser. Aus der Halsschlagader kam das Blut stoßweise, vermischte sich mit dem trockenen

Sand des Hühnerstalls. Der Mann befestigte die beiden Läufe an der Teppichstange. Blutsprenkel übersäten kreisförmig den Boden. Mit einer Rasierklinge trennte er vorsichtig dem Tier das Fell ab, weiße Häute spannten sich, dann stülpte sich ein nacktes Tier heraus. Wie Winterstiefel sahen die vier Läufe aus, die das Kaninchen noch besaß.

Später zankten sich die Hühner um das Gedärm, obwohl alle reichlich abbekamen. Herr Zoch suchte die Galle, nickte sich selbst zu, als er sie fand. Alles andere wie Herz, Leber, Nieren legte er in eine emaillierte Schüssel. Das Tier konnte jetzt aushängen.

Der Junge hatte vom Zaun aus zugesehen. Das war nichts Neues. Er vertiefte sich anschließend wieder in seine Sandmalereien, zog eine Kontur in den Sand, die Umrisse eines Schornsteins. Oben aus dem Kamin kamen keine Wolken heraus, sondern ein Strauß Hasenohren.

Frau Murchau sang über ihm „dies irae, dies illa“ mit banger Stimme. Der Junge dachte nicht an den Tod. In seiner Familie arbeitete niemand auf der Zeche. Höchstens Onkel Emil, der aber war über Tage.

Obwohl die Tür zur Werkstatt hart über den Boden schliff, hörte der Schuster den Jungen nicht kommen. Auch als er „Guten Tag“ sagte, blickte der Schuster nicht auf. Daraufhin tippte der Junge dem alten, grauhaarigen Mann auf die Schulter. Der erschrak nicht, wandte den Kopf, antwortete kurz: „Na, du“, und erwartete die beiden Schuhe, die Peterpaul umständlich aus dem Zeitungspapier wickelte.

Über den Brillenrand hinweg musterte der Grauhaarige das Paar, prockelte mit den Fingern an dem Loch in der Brandsohle; dabei schüttelte er zu Peterpauls Enttäuschung den Kopf, was wohl soviel bedeutete wie: die Reparatur lohne doch nicht mehr. Er blickte den Jungen aus zerfurchtem Gesicht an, schüttelte wieder den Kopf, machte aber mit einem abgenutzten Zimmermannsbleistift großzügige Kreise um die zerschlissene Sohle und um die abgelaufenen Absätze, warf sie dann, wie schon oft getan, zu den anderen Schuhen: „Vierzehn Tage". Der Junge war erleichtert und blieb noch etwas in der Werkstatt. Vergebens suchte er die mit Wasser gefüllte Glaskugel. Das Arbeitslicht des Alten waren das hutzelige Fensterchen mit wohl nie gewaschenen Gardinen und eine große, verstaubte Glühlampe in gesprungener Fassung. Der Schuster trieb weiße Holzpinnen in die vorgebohrten Löcher längs des Sohlenrands. Die Stifte brachen auf halber Höhe ab. Mit einer Klinge schabte er die Reste des Holzes weg, stieg von dem hohen Dreifuß und drückte einen klobigen Bakelitschalter. Eine meterlange Achse drehte sich erst gemächlich, dann schneller. Schließlich waren die Drahtbürsten und Filzscheiben und Poliersteine nicht mehr zu unterscheiden. Nacheinander benutzte der Mann die Apparatur. Wieder ein Schalterdruck, der Motor lief aus, die Achse stand still.

Als der Junge gehen wollte, entdeckte er noch das Schild an der Tür: „Jeder Lai' verdirbt im Nu durch Selbstbesohlung seine Schuh". Peterpaul dachte an die Utensilien samt Dreifuß in Vaters Munitionskiste. Nie hatte er ihn in Aktion gesehen. Vielleicht war Vater auf diesem Gebiet ein Laie, aber *nur* auf diesem. Starkstromleitungen und andere gefährliche Apparaturen konnten ihn nicht abhalten. Das waren geübte Hände, die vor dem Krieg die klobigen Filmmaschinen zerlegt und sich im Kabelgedärm zurechtgefunden hatten.

Der Junge schob die Tür von außen zu. Gesträuch überwucherte die Platten des Pfades vom Hinterhof bis zur Straße. Es nahm den Kunden den Platz weg.

Der Mann war aufgestanden. Die geflickte graue Unterhose und ein ehemaliges Sonntagshemd, an Kragen und Ärmeln aufgeschlissen, lagen nicht mehr auf dem Stuhl. Im Ofen flackerte das Feuer. Die Ringe schepperten beim Zurückschieben. Der Mann hustete hart, spuckte ins Feuer, dessen Schein die kleine Eisenplatte gleich darauf verdeckte. Ein winziger Lichtkeil flackerte trotzdem noch bis hinein ins Schlafzimmer; die Ofenplatte hatte einen Riß. Der Lichtkegel oben an der Decke tanzte mit den Bewegungen des Feuers.

Pergamentpapier raschelte, eine Kaffeemühle ächzte während der Umdrehungen. Vater zog die klamme Zementhose über. Selbst häufigstes Waschen gab den Zementstaub nicht mehr frei, es nahm lediglich dem Stoff die letzten Farbspuren eines ehemaligen Blau. Die Hose glich eher den Packpapiergebirgen hinter der Weihnachtskrippe in der Josefskirche. Die Frau schüttete heißes Wasser auf das Kaffeemehl. Die beiden in der Küche sprachen wenig. Nur das Schlürfen aus den Tassen war zu hören.

Der Mann griff nach der Tasche. Der Luftzug von draußen wirbelte die aufkommende Küchenwärme ins Schlafzimmer. Sekunden später klapperte ein Fahrrad am Fenster vorbei. Vater hustete wieder. Dem Jungen war nach Weinen zumute. Er konnte noch im Bett bleiben, und da draußen mußte sich der Mann abstrampeln für das tägliche Brot der Familie.

Unten schlug die Tür zu. Mutter knipste das Licht in der Küche aus, legte sich noch etwas hin. An der Decke oben flackerte das Licht aus dem Ofen immer noch.

Der Maibaum stand ihnen noch nicht gerade genug. Die in der Falkenkluft traten den Boden noch fester, stießen mit einem Balken zu. Es nutzte nichts.

Inzwischen versprach ein Redner auf dem verkleideten Leiterwagen großzügige Bauhilfen für Minderbemittelte, wollte für Flüchtlinge Wohnraum beschaffen und dafür sorgen, daß das Mitbestimmungsrecht des Betriebsrates in der Stadtverwaltung praktisch verwirklicht würde. Schon jetzt seien erkennbare Zeichen gesetzt für einen gemeinsamen sozialen Weg.

„Parteiwerbung", dachte der Mann im beigen Übergangsmantel. Er war mit den anderen vorhin vom Zementkotten herübermarschiert. Sie wollten bewußt aus dem Gleichschritt kommen, es fiel ihnen schwer. Eingedrilltes war selbst nach Jahren schwer zu überwinden. Der Redner schwitzte in der Morgensonne, trocknete in Abständen sein rundliches Gesicht. Die Männer grinsten jedesmal ironisch, wurden wieder ernst. Man konnte ihnen ihre Berufe ansehen: Die Dreher hatten Trauerränder an den Fingernägeln, Zementarbeiter versteckten ihre eiternden Wunden an den Fingerkuppen, Kumpel mit rußgeäderten Schwielen und hohlen Augen standen mit krummem Rücken da.

Auf Pappkarton war die Parole „Für Frieden, Freiheit, Völkerverständigung" aufgemalt. Ein Transparent unterhalb des Tribünenaufbaus warb für „echte wirtschaftliche Gleichberechtigung". Die Jüngeren machten mißmutige Gesichter. Sosehr der Redner auch überzeugen wollte, das Mißtrauen konnte er nicht beseitigen. („Als Funktionär muß man heutzutage wirtschaftlich denken, verdammt noch mal.") Gerade die Jugendlichen erwarteten seine Stellungnahme zur Völkerverständigung. Sie kam nicht. Der Beifall war dünn, es klatschten ihn die Stadtbediensteten.

Das radförmige Gebilde aus Tannengrün an dem schrägen Stamm glich den Richtkränzen auf den Dachsprossen der Neubauten, die kundgaben, daß die Rohbauphase abgeschlossen war. Vater in seinem beigen Übergangsmantel grübelte: „Ist das nicht ein Richtkranz für die ganze Stadt? Hatten sie nicht bisher genug gearbeitet? Aufbaumaloche von früh bis spät. Aus dem Nichts, aus Trümmern emporgestampft die Schulen, Fabriken, Kühltürme und dem Schwager Töne das Kino. Überstunden, Sonntagsschichten. Ein paar Groschen mehr in der Lohntüte, ein paar Mark mehr. Das gleiche alte Fahrrad, die gleiche schäbige Wohnung. Kein Weiterkommen. Und die Bosse fahren wieder protzige Wagen, beziehen neue Villen in Obercastrop. Sparkassen machen mit schönen Sprüchen besoffen. Nur unsereins kann nichts abzweigen."

Junggewerkschaftler sprachen ihren eingeübten Prolog „Weltfeiertag". Der Mann dachte weiter: „Was feiern wir denn? Die Arbeit, die Arbeitskraft? Lachen sich da andere ins Fäustchen über die in den Sielen, die ihnen den Wohlstand verschaffen, die heute, morgen, ein ganzes Leben lang malochen, malochen, malochen?"

Der Mann ärgerte sich über seinen Zwiespalt. Wer will wissen, was morgen ist. Vielleicht meinte der es gut da oben.

Der andere vom Bergbau zog Bilanz: 78 % der Vorkriegsleistung habe der Kumpel wieder erreicht. Er strahlte dabei, als wenn ihm das Hauptverdienst daran zukäme. „Wir wollen nicht zurück nach Weimar", schrie er ins Mikrofon. „Der Arbeiter und seine Familie stehen im Brennpunkt unserer Bemühungen. Christentum und Sozialismus haben sich gemeinsam zu bewähren." Das mit dem Christentum hat er wohl der anwesenden Geistlichen wegen gesagt. „Arbeiter, ich mahne euch, fühlt euch nicht als Steigbügelhalter für Ost und West!"

„Das ist *seine* Völkerverständigung", dachte Bernd, der mit anderen aus der Jungenschaft im Schatten stand und fror. „Der macht unsere Absichten kaputt. Völkerverständigung hat Vorrang vor nationalem Denken. Hände müssen nicht nur im eigenen Land geschüttelt werden, sondern über die Grenzen hinweg. Der hat noch nicht genug nach diesem Krieg. Halten wir nicht gerade ihm die Steigbügel durch unseren Beifall? Morgen werden seine Sätze dick und fett in der Zeitung stehen."

Die Pfadfinder schmetterten „Der Mai ist gekommen".

Der nächste Redner machte es besser. Er vermied die großen Töne, sprach von Reduzierung der Maloche zu gleichem Lohn, von weiteren bezahlten Urlaubstagen, von erstrebter gerechter Gewinnverteilung auch an die Arbeiter. Wunschträume wurden wach. Das ist unser Mann.

Die schwarzrotgoldene Fahne in Haushöhe überschlug sich, verfing sich in den Pappeln.

Vater fühlte die Biermarke in seiner Manteltasche. Er würde sie nachher verschenken.

Onkel Fritz zeigte auf einen Strauch, sagte „Cotoneaster Horizontalis", deutete woanders hin, das war eine „Deutzia Kalmieflora". Die Männer begutachteten auch noch einen „Prunus Cerasifera", staunten über die gelehrten Worte ihres Schwagers. Dabei hielten sie sich an Flaschen fest. Beim Weitergehen schnalzten die Klappverschlüsse. Erst beim Trinken bekam der Garten die richtige Farbe, braunrot. In der Laube diskutierten sie laut über den Zweck eines Gartens. Dem einen war Gemüse wichtiger, dem anderen Obst. Nur einer hatte was von „Grüner Lunge" gehört.

Der Junge pinkelte gegen das spuchtige Bäumchen mit den paar angesetzten Kirschen. Hinter einer durchsichtigen Hecke grub eine Frau in speckigem Kittel ein Beet um. Gleichmäßig mit dem Spaten hob sich der rechte Holzschuh, dabei rutschten die beringten Kniestrümpfe immer tiefer.

Auf der Laube drehte sich eine Windmühle. Rotköpfige Zwergengestalten trugen unentwegt Mehlsäcke, fanden den Eingang zur Mühle nicht.

Die Männer in der Laube redeten sich in Rage, lachten aber zwischendurch schallend auf. Zigarrenqualm nebelte den kleinen Raum gehörig ein. In der Ecke döste ein schmutzigfarbener Hund. Er mochte nicht nach draußen.

Sie hatten den Jungen vergessen, der gelangweilt ein paar Blumenköpfe mit einem Stöckchen traf. Er kletterte über den Zaun, wanderte den Aschenweg zurück bis zu den Steinquadern einer Panzersperre, begutachtete die Kolosse, beschloß, allein den Weg zur neuen Wohnung von Tante Änne zurückzugehen. Die Kette der Gartenhäuschen lag hinter ihm. Aus den Schornsteinen von Hoesch plusterten sich gelbbraune Wolken auf, waren unschlüssig über die Windrichtung, ließen sich höher hinauftragen. Kräne drehten sich wie ein Karussell emsig an Waggons vorbei den Erzbergen zu. Am Westfalendamm wartete der Junge die Autos ab, lief hinüber zu den Platanen. Jetzt drängten sich Häuser aneinander. Von einigen standen nur noch die Fassaden. Hinter hohläugigen Fenstern flatterten Tapetenreste, zeigten Kachelwände ihre einstige Pracht. Den Stuhl oben in der Eisenarmierung hatte der Junge vorhin schon gesehen. Der Weg war also richtig, zudem tauchte zwischen den Häusern der beschädigte Turm der Reinoldikirche auf. Die Uhrengeschäfte in der Brückstraße wurden durch Eisengitter geschützt. In einem Putzmachergeschäft blickten Pappköpfe unlustig nach draußen; manche hatten eine Glatze, ihr Hut war verkauft.

Nach links hinüber lag der Bahnhof. Der Junge erinnerte sich, daß er mit Mutter hier vorbeigekommen war. Neben der Post stand an einer Brücke „Betten-Hutt". Ein Zug donnerte vorüber, ehe seine Bremsen quietschten. Hübsch frisierte Damen warteten in einer Seitenstraße, sprachen mit Männern, gingen mit ihnen fort.

Der Kiosk an der Malinckrodtstraße machte Reklame für „Hör zu" und für Bonbons. Ein Schild „Westfälische Rundschau" verdeckte die ersten Buchstaben des Straßennamens „... ndstraße". Peterpaul sah das Schild „Malermeister Schmedes", er schellte an der Tür. Die fragenden Frauen beruhigte er damit, daß die Gartenbesucher später kämen. Die Männer aber hatten für ihr Zuspätkommen die Ausrede, sie hätten den Jungen gesucht. In Gedanken malte sich Mutter aus, was alles in dieser großen Stadt hätte passieren können: Raub, Entführung. Sie machte ihrer Aufregung Luft. Das Ergebnis war eine Tracht Prügel mit einem Handfeger, der wie zufällig griffbereit aus einem Eimer lugte.

Am Kaffeetisch war der Frieden wieder eingekehrt. Onkel Fritz klimperte auf einem schwarzen Klavier das Lied „Wem Gott will rechte Gunst erweisen ..." Später sah der Junge auf die langgestreckten Hinterhöfe hinunter. Ein Schaf suchte unten nach Gras, blökte grundlos oder aus Enttäuschung, weil es alles bereits weggefressen hatte. Aschentonnen liefen über. Aus Stalltüren quollen Kohlen. Eine Frau mit Kopftuch hackte an einem Holzbalken und sammelte die Splitter auf. Die Dächer des Häuservierecks waren mit Dachpappe und Wellblech notdürftig geflickt.

Der Hund mußte mal. Peterpaul lief mit ihm die Treppen hinunter nach draußen.

Aus der abgegriffenen Aktentasche zog Bernd das Manuskript hervor, gab es dem Mann. Der überflog den Text, las laut die Überschrift: „Leder Padberg läßt Nägel schätzen", nickte, ließ ein „Gut" vernehmen, legte das Manuskript auf seinen aufgeräumten Schreibtisch. Mit Bleistift notierte er „Viertelcicero und acht Punkt" für die Überschrift.

Der Redakteur trug eine bräunliche Hose mit abgestimmter heller Weste. Eine gestreifte Fliege gab dem Ganzen den nötigen Kontrast, paßte farblich zum dezent blau getönten Hemd.

Er griff in ein mit Perlmutt belegtes Kästchen, nahm eine Zigarette heraus. Eine galante Handbewegung lud Bernd ein, ebenfalls zuzugreifen. Bernd lehnte ab, wies dabei auf den Pfeifenhals, den die Brusttasche nicht ganz verdeckte. Der Redakteur verstand, stopfte seine Zigarette in eine Silberspitze, zündete sie an. Er fragte Bernd nach den Zensuren auf der Penne, hatte wohl was läuten hören. „Mathe mies, Deutsch und Geschichte eins", antwortete Bernd. „Und das andere?" wollte der Frager wissen. „Dazwischen, so zwei bis vier", war die ehrliche Antwort.

Der Redakteur öffnete eine Schranktür, deutete auf eine Flasche mit Branntwein. Ohne zu fragen, goß er zwei Gläser ein, gab eines dem Pennäler. Bernd nippte, nahm das Glas mehrmals an den Mund. Der Redakteur trank in einem Schluck, dabei suchte eine Hand in der Schublade nach einem Kugelschreiber. Nachdem er ihn endlich gefunden hatte, steckte er ihn in Bernds Jackentasche. „Können Sie behalten, damit Sie mir eine treffende Kritik über ‚Kabale und Liebe' übermorgen in der Kurbel schreiben, gebe ihnen noch eine Pressekarte." Der Mann meinte es gut. Bernd dachte an die acht Mark fünfzig für eine längere Besprechung, freute sich, daß er ins Theater durfte, kostenlos. Über dem Schrank gab sich ein Spruch national: „Wo kein Wille zur Heimat, da auch kein Wille zur Kultur!" Daneben hingen vergilbte Zeitungsseiten und Hochglanzfotos. Als der Redakteur „So long" sagte – wohl von den Amerikanern übernommen –, zögerte Bernd einen Augenblick, reichte ihm dann die Hand hinüber. Da summte das Telefon. Augenblicklich nahm der Mann den Hörer auf, streckte Bernd gleichzeitig die linke Hand hin: „It's coming from the heart."

Im Nebenraum ließ sich Bernd von einer blonden Frau die Pressekarte geben. Gleichzeitig bekam er noch das Honorar für einen Bericht über den „Biesenkamp“.

Draußen freute er sich über das Klimpern der Markstücke. Bei Lambert kaufte Bernd sich endlich Hemingways „Fiesta“, für den Rest ließ er sich bei Otto Mess tunesische Datteln abwiegen, aß aber nichts davon.

Ein fliegender Händler pries an der Ecke bei Kirsch seine Neuigkeiten an. Bernd stellte sich auf die Zehenspitzen, um die Rasierklingen, Kämme, Kugelschreiber und Nylonstrümpfe besser sehen zu können. Alles für fünf Mark.

Unterhalb des Hochbunkers schrillte eine Straßenbahn. Bernd rannte los zur Haltestelle nach Nattmann.

In der Straßenbahn packte er den Roman aus.

Von den fünfzig Pfennig Taschengeld holte sich der Junge Schnur für einen Windvogel. Zehn Pfennig hatte er für die Latten aus einer Schreinerei gespart. Er ließ die Latten balancieren, ehe er sie verknotete. Um die eingekerbten Enden zog er die Schnur. Zum Holzkreuz passend schnitt er Zeitungspapier aus. Mehlkleister mußte für die umgelegten Kanten reichen. Natürlich hätte er lieber buntes Seidenpapier benutzt oder knisterndes Ölpapier. Peterpaul zog die Spannung ein. Der Durchzug in der Hofeinfahrt blähte den Windvogel auf.

Auf dem Stoppelfeld ließ der Junge geschickt das Band ab. Augenblicklich verlor der Drachen an Größe, der Wind drückte ihn noch weiter zusammen, trieb ihn nach oben. Der Vogel stand still. Nur manchmal ruckte er zur Seite, wenn ihn ein neuer Windstoß erfaßte.

Peterpaul prüfte die Schwachstellen des Bindfadens, knotete hier und da Teile zusammen. Nach einer Weile drückte er die Wickelmaschine in den Boden, suchte Stroh zusammen, setzte sich darauf.

Tauben näherten sich, änderten jäh ihre Bahn. Wie Wattebäusche standen Wolken am Himmel, bewegten sich kaum voran, einige von ihnen waren in ein Hellrot getaucht.

Auf der Straße polterte ein mit Stroh beladenes Fuhrwerk heim. Zwei Radfahrer – wohl ein Liebespärchen – waren dem Gefährt ausgewichen, schoben jetzt ihre Räder. Mit Handbewegungen unterstrich der Mann seine Worte. Die Frau kicherte. Beide schlenderten langsam weiter, hatten wohl Zeit.

Die Frau deutete mit einem Arm in die Höhe, auch der Mann spähte nach oben, beide hatten den Drachen entdeckt.

Aus einem kleinen Haus jenseits der Baracken klangen Melodien eines Schifferklaviers herüber. Wehmütig sang ein Mann dazu das Lied von der „Bella, bella, bella Marie". Der Junge stellte sich den jungen Mann am Fenster vor, wie er hineinsang in den nahen Abend.

Hinter den Häusern sackte die Sonne in ein Wolkenmeer, tauchte Gärten und Häuser in ihr violettes Licht.

Der Junge krempelte die Ärmel hinunter. Der Abendstern stand genau über dem Windvogel. Gemächlich zog der Junge den Bindfaden wieder ein. Schließlich landete der Drachen kopfüber in den feucht gewordenen Stoppeln.

Zufrieden zog der Junge nach Haus. Die Melodien aus dem Fenster waren verstummt.

Am anderen Morgen erfuhr Peterpaul von Mutter, daß sich der junge Mann aus Liebeskummer aus dem Fenster gestürzt habe. Sie hatte es von Nachbarn beim Brotholen gehört. Für eine Weile blieb der Junge erschrocken stehen, ehe er seinen Tornister packte.

Als das Dreirad tuckernd und furchtbar fauchend und nur im Schrittempo den Hof erreichte, öffneten sich die Fenster in den Häusern. Alle wollten mitbekommen, was sich da unten tat. Als Fahrer entpuppte sich nach dem Aussteigen der Sohn des Gendarmen Kusma. Vorher konnte ihn niemand ausmachen, weil die Frontscheibe seines Vehikels blind war. Als Bordmechaniker in den Kriegsjahren hatte ihn die Leidenschaft für alles, was sich mit Motoren und PS fortbewegte, erwischt. Der bisher als Gemüsetransporter verwendete „Goliath" versperrte nun für Wochen den kleinen Hof gegenüber, verdunkelte Kusmas Küchenfenster. Der junge Kusma wechselte Türen aus, hob mehrmals in der Woche wie eine Tüte die Motorhaube an, baute Ventile aus, tauschte Radpaare um. Ein Freizeitbastler war am Werk.

Aus verblichenen Militärplanen errichtete er einen Verschlag, der einem Beduinenzelt glich und nach jedem stärkeren Windstoß irgendwo einriß. Für Peterpaul bot sich die Gelegenheit, hinter das Holzsteuer geklemmt als „Hans Stuck" über Phantasierennbahnen zu rasen, Kontinente zu durchfahren, die er gerade in der Schule per Landkarte entdeckt hatte.

Eines Tages war das Vehikel verschwunden. Ob es gestohlen wurde – was unwahrscheinlich war – oder ob es der Monteur verkauft oder verschenkt hatte, blieb den Anwohnern unbekannt.

Dafür lernten sie nach und nach die verschiedensten Autotypen kennen. Bald harrte ein Leukoplastbomber, ein Lloyd aus Leinen und Holzverkleidung, huzzelig und schmutzig der Dinge, die da kommen sollten. Der Wagen wurde von Tag zu Tag schneller, das merkten die Nachbarn an den länger werdenden Bremsspuren. Frau Kusma wagte sich nun schon öfter als Beifahrerin in das Gefährt. Aber die Einkaufsfahrten endeten nicht selten mit einem Totalausfall des Motors. Anstatt gefahren zu werden, mußte die Frau schieben. Getriebewechsel, Anbringen neuer Bremsbeläge, Austausch von Kolbenringen waren für die Nachbarn nicht mehr neu. Auf solche Weise restauriert, wechselte das Fahrzeug seinen Besitzer. Der Verkaufserlös reichte für eine Isetta. Das Einsteigen war bequemer, es geschah von vorn. Peterpaul kam sich vor wie im Cockpit eines Flugzeuges, es fehlten nur die Flügel.

Die Erwerbungen erhielten neue Lackierungen, mal waren sie blau, dann rot, später violett. Oft dröhnte der ganze Hof, als würden Pferdeherden herangaloppieren. Dann ließ Franz Kusma den Motor im Stand probelaufen, gab Gas, nahm es weg, schraubte hier, prockelte dort. Neugierige lernten Ritzel und Radlager kennen, Innereien eines VW-Käfers, eines Goggomobils.

Es sprach sich schnell herum, daß da einer gern, gut und fast umsonst arbeitete, auch für Verwandte, *gerade* für Verwandte.

Drei Häuser weiter wurde eine Baugrube ausgehoben. Kein Bagger war aufgefahren, kein Bulldozer kreischte. Zwischen einem abgesteckten Viereck standen zwei rostige Schubkarren. Ein alter Mann stach mit dem Spaten in die Unkrautbüsche. Allmählich füllte sich eine der Schubkarren. Ein jüngerer Mann, der mit einer Zange Nägel aus den Abfallbrettern zog, schob die volle Karre nach hinten und warf sie um. Wie Hörner zeigten die beiden Griffe nach oben.

Zuerst sah es so aus, als wolle der Alte sein eigenes Grab schaufeln, aber er machte das Rechteck größer. Der Boden wurde nach jedem Spatenstich heller.

Die Jungen traten näher heran. Ein paar hielten ihre Schaufeln so, daß der Alte sie unbedingt sehen mußte. Er schaute auch auf mit schweißglänzendem Gesicht. Er schob den Hut zurück, trocknete mit einem schmutzigen Taschentuch das Gesicht, danach das Schweißband seines Hutes. „Wollt mithelfen?“ fragte er hinüber. Die Antwort ging unter im Klirren der Schaufeln. Der junge Mann schob eine Karre nach der anderen gegen den aufquellenden Mutterbodenberg. Auch der gelbgraue Berg aus totem Boden wuchs empor. Der säuerliche Geruch von Mergel verstärkte sich, Lehm verklebte die Spatenblätter. Der alte Mann legte eine Pause ein, sprach mit seinem Sohn, der wenig später mit dem Rad davonfuhr. Peterpaul schaute ihm nach. Nun schoben die Jungen die Karren selbst bergan. Lehmklumpen lösten sich, fielen zurück. Eine der Karren stürzte um. Der Alte lachte mehr über den verdutzten Jungen, als daß er sich über die Verzögerung ärgerte, dabei zeigte er seine braunen Zähne.

Der andere kam zurück. Noch immer saßen die Dreckklumpen an seinen Schuhen. Er stieg vom Rad, rief, die Hände wie einen Trichter am Mund: „Pause!“, verteilte Sprudel und Brötchen.

Sie hatten sich auf die Grasnarben am Grubenrand niedergelassen, ließen die Beine hinunterbaumeln. Der Alte saß auf einem Brett, das er sich über die Karrenholme gelegt hatte.

Die Flaschen waren leer, die Brötchen verschwunden. Es ging weiter. Säuberlich stach der „Bauherr“ mit dem Spatenblatt die Wand glatt, wie Bergstrukturen waren die verschiedenen Sandschichten zu erkennen.

Als die Dämmerung alles in ein graues Licht tauchte, sagte der alte Mann: „Schluß für heute“, dabei zog er eine flache Tabakdose aus der Hosentasche. Ihr Inhalt waren Markstücke, von denen er jedem Mithelfer eins gab. Der junge Mann bekam nichts. Peterpaul sagte pro forma, daß es ihm auch so Spaß gemacht hätte. Da spürte er auch schon den kräftigen Ellenbogenstoß seines Nachbarn in der Seite. Das ließ ihn schweigen.

Spaten und Schubkarren wurden in den Verschlag gebracht, die Schuhe mit Grasbüscheln gereinigt.

„Wiedersehen bis morgen", sagte der Alte mit brüchiger Stimme.

„Tschüss" sagte auch der Sohn. Beide fuhren mit ihren Rädern davon. Eins der Rücklichter brannte nur.

Die Dämmerung verschluckte die beiden Männer. Schon sausten die ersten Lehmklumpen nieder. Grasbüschel trafen, machten manches verschwitzte Gesicht zu einem Bergmannsgesicht. Mann gegen Mann. Peterpaul spürte, wie die Nässe in die Hosenbeine zog, er hatte sich hingekniet, um Lehmklumpen aufzuheben, gleichzeitig aber gute Deckung zu haben. Die Geschosse prasselten gegen die Wände, zerstoben, brachten Sandschauer mit sich.

Auf dem Nachhauseweg vermißte der Junge sein Markstück. Enttäuscht klopfte er draußen hinter den Ställen den Spaten ab, säuberte mit Murchaus Kaninchenstroh seine Knie. Dann ging er in die Küche. Vater war auf dem Sofa eingeschlafen. Die Zeitungen neben ihm würden gleich hinunterfallen. Die Pfeife aus Hirschhorn lag neben seinem Gesicht und hatte eine braune Seiberspur hinterlassen. Der Junge war froh, daß sein Vater schlief.

Als Peterpaul einen Moment später seine nassen und verkrusteten Strümpfe auszog, fand er das verlorene Markstück wieder. Er legte es neben seine Schulbücher, in die er gleich noch schauen wollte.

Flüchtiger als sonst wurden am nächsten Tag die Schulsachen erledigt. Bis auf Fundamenttiefe arbeitete sich die Mannschaft von gestern vor. Es gab wieder eine Mark für jeden. Der alte Mann hatte ein paar Namen aufgeschnappt, verwechselte sie aber, rief er einen mit Namen, trat ein anderer zu ihm hin.

Am Nachmittag brachte ein Lastwagen Steine heran, aus den Schuttbergen vor der Stadt, auch schneeweißen Sand und Zement.

Nun wurden die Steine geklopft. Vorsorglich hatte der Alte mehrere Spitzhämmer mitgebracht. Ohne zu zögern, akzeptierten die Kinder sein Angebot: für einen ganzen Stein einen halben Pfennig, oder für vier halbe. Sie saßen zwischen den Bergen und pickten im Akkord. Staub legte sich auf trockene Kehlen. Sprudel gab's nicht mehr, auch keine Brötchen. Sie waren jetzt Lohnarbeiter.

Die aufgestapelten Ziegelmauern hielten den kalten Wind ab. Zwischen den Wolken spielten Schwalben, überschlugen sich übermütig. Peterpaul zog seine Bommelmütze tiefer ins Gesicht. Die Hände taten weh, der Rücken schmerzte.

Vor dem Dunkelwerden ging's ans Zählen der Steine. Mancher dazwischengemogelte halbe Stein wurde voll mitgezählt. Der alte Mann löhnte, rundete großzügig auf. Heute tobten die Kinder nicht mehr, das Hämmern hatte müde gemacht.

Zwischen den Kaninchenställen saß er im Halbdunkel und biß heißhungrig in eine Birne. Auf seinen Knien lagen noch zwei andere. Er hatte sie nicht gekauft. Sie stammten von den Spalieren jenseits des Zauns aus Murchaus Garten.

Birnensaft lief dem Jungen aus den Mundwinkeln. Mit dem kratzigen Ärmel seines Pullovers trocknete er sich das Kinn. Das Wurmloch an der Bißstelle entdeckte er erst, als er den Bissen hinunterschluckte. Der Junge schüttelte sich.

Die Frage, ob sein Tun Diebstahl sei, ließ er unbeantwortet. Hatte Mutter nicht oft von den faulenden Birnenkadavern auf dem Boden erzählt? „Verschwendung und Sünde" nannte sie Frau Murchaus sinnlose Rafferei, wenn sie vor dem Schrubben des Dachbodens eimerweise das ungenießbare, faule Obst zu den Schweinen hinuntertragen mußte. Peterpaul warf das Kernhaus gegen den Draht des Hühnerstalls; eilig liefen ein paar Hühner herbei, ignorierten aber bei genauerem Hinsehen dieses beleidigende Geschenk.

Die beiden anderen Birnen fanden ein Versteck zwischen den Leitersprossen. Hier waren sie sicher. Proviant für den nächsten Tag.

Zur gleichen Zeit wartete das schlaksige Mädchen im Nachbarhaus hinter einer Gardine auf einen weiteren Zugriff des Jungen in das Blattwerk des Spaliers. Damit die Brillengläser den Zuschauer nicht verrieten, stellte sich das Mädchen in die Schattenseite. Der Junge aber griff nicht mehr zu. Das Mädchen wartete ab, ohne Erfolg. Trotzdem machte sie sich auf den Weg zum Nachbarn, berichtete von der verwerflichen Birnenklauerei seines Sohnes. „Wehren sie den Anfängen", war ihr guter Rat.

„Dicke Luft." Das spürte er, als er nach Hause kam. Mutter schwieg, schaute weg. Der Mann ging auf den Jungen zu, fragte direkt, ohne Umschweife: „Hast du vorhin Obst aus Murchaus Garten genommen?" Er vermied das Wort stehlen. Fragte noch einmal, zog, noch ehe die Antwort kam, den Riemen aus den Schlaufen seiner Hose. Der Junge wartete auf den Satz: „Nun bestimme du das Strafmaß." Heute war er nicht zu hören. Drei Schläge sausten gezielt nieder. Peterpaul spürte sie, der dünne Stoff seiner kurzen Hose vermochte kaum zu dämmen. „Drei Schlag, für drei Birnen." Die Hand seines Vaters zitterte. Das Gesicht war vor Aufregung rot angelaufen, Schweißperlen standen auf seiner Stirn. Er mußte sich setzen, verschnaufen.

Der Junge verfolgte mit seinen Augen diese Bewegungen, ohne zu weinen, sah nur hin. Dann lief er hinaus.

Zwischen den Ställen wollte er sein, über vieles nachdenken, mit sich ins reine kommen.

Im Nachbarhaus stand das Mädchen wieder hinter der Gardine am Fenster. Die Brillengläser hatten es verraten.

Zwischen Pöppinghausen und Herne-Baukau stoppte Peterpaul das Rad, der Vorderreifen verlor Luft.

Er fand den Nagel schnell. Bevor er ihn herauszog, markierte er die undichte Stelle mit einem Stein, den er zwischen die Speichen klemmte.

Der Junge drückte einen Teil des Mantels und des Schlauchs von der Felge und rauhte mit einem daumengroßen Stück Schmirgelpapier die beschädigte Fläche auf, strich Gummilösung darüber, auch über einen ovalen Flicken aus dem gelben Continental-Döschen. Die klammen Hände steckte er in die Hosentasche, wartete ab. Novemberwind trieb Wolken gegen den grauen Horizont. Ganz hinten blähte sich Wasserdampf aus einem Kühlturm empor.

Ein Fuhrwerk schaukelte dicht am Jungen vorüber. Das behäbige Pferd trug eine Bandage um eines seiner Gelenke. Der Bauer trieb das Pferd an.

Jetzt preßte Peterpaul den Flicken gegen den Schlauch, schob ihn zurück in den Mantel. Der Wulst schnackte in die Felge ein, als der Junge den Reifen aufpumpte; dann wusch er sich die Hände in einer Pfütze am Straßenrand.

Plötzlich stand der Mann neben ihm. Er war groß. In seiner schmutzigen Hose und seinem löchrigen Pullover sah er aus wie jene Typen, die auf der Kirmes die Chips einsammelten.

Der etwa Dreißigjährige schob unentwegt einen Kaugummi über seine Zähne. Er griente dabei. Vielleicht spürte er die Angst des Jungen.

Er käme vom Hafen, müsse nach Castrop, sagte er.

Peterpaul sah die beiden ineinandergewundenen Anker an der Mütze, glaubte ihm. Er kam näher an den Jungen heran, wollte ihm jovial auf die Schulter klopfen. Der beugte sich zurück, der leichte Schlag ging ins Leere. Das Grinsen verschwand vor Enttäuschung, der Mann ließ seine Annäherung sein. Sicher hielt ihn auch das Fuhrwerk davon ab, das mit einer Ladung Mist wieder auf die Straße bog.

Der Junge nutzte diesen Augenblick, hob das Rad auf, sauste davon. Der Mist roch gut, als er dem Wagen begegnete.

In Herne fand er, ohne zu suchen, die Bahnhofstraße, fand auch die Von-der-Heydt-Straße, stieg die Treppen zu dem alten schwarzen Gebäude empor. An der Tür stand „Hauptzollamt". Er war richtig.

Einem Mann im grauen Kittel legte er die Benachrichtigung und Mutters Ausweis vor. Der Beamte beugte sich tief in eins der wuchtigen Regale an der Seite des Raumes, zerrte ein leinenumwickeltes Paket hervor. Am Tisch verglich er die Absender: Mrs. Sauppe, Cleveland, Ohio. Das war Bernds Patenschaftsadresse in den USA. Nur wenige in seiner Klasse hatten eine bekommen.

Der Mann trennte eine Ecke des Pakets auf, versuchte mit seiner Hand ins Innere zu gelangen, hatte schließlich eine Dose in der Hand. Die Zollinhaltserklärung lag so, daß der Junge ein paar Worte lesen konnte: *cornedbeef, clothes, peanutbutter*. Mutter würde staunen. Der Mann suchte in der Liste, fand schließlich das Wort *„cheese"*, hakte es ab, unterschrieb den Zettel, als der Junge die Gebühr entrichtet hatte. Das Geld war von Bernd. Auch der Junge unterschrieb, er tat es flüchtig. Das machte seine Unterschrift erwachsener.

Als er mit dem Paket draußen war, verschloß der Zöllner die Tür. Der Mann hinten in der Ecke öffnete schon seine Thermosflasche. Es war Mittag.

Auf der Grenze zwischen Wiese und Feld flackerte ein Feuer. Jungen und Mädchen stocherten in der Glut, legten modriges Holz aus den Gräben auf. Ziellos wirbelte der Wind beißenden Qualm auf, trieb ihn in die Augen. Einer der Jungen legte schon eine durchlöcherte Konservendose in die Glut, füllte mit einer Drahtschlinge brennende Holzstückchen ein. Die anderen hieben mit Steinen und rostigen Nägeln weiterhin Löcher in die Dosen, die sie aus den Aschentonnen gewühlt hatten.

Mit geschickteren Händen puhlten die Mädchen Draht durch die beiden Löcher am Dosenrand. Die Jungen füllten ebenfalls Gluten ein, legten Teerpappe auf. Alle liefen auf die Wiese, verteilten sich und schwangen die Dosen um sich, daß es aussah, als würden Feuerräder über die Wiese rollen. Nacheinander warfen sie dann die Dosen in die Höhe. Eine Feuerspur bildete sich, wurde langsamer, blieb stehen, fiel zurück. Die Dosen schlugen auf, Funken sprühten, brannten sich in Jacken und Pullover ein. Der Brandgeruch angesengter Wolle warnte zu spät. Manche Dosen sausten haarscharf an Köpfen vorbei. Die Kinder blieben für einen Moment erschrocken stehen, schleuderten dann erneut die glühenden Dosen gegen die vorbeiziehenden Wolkenfetzen.

Mit rußigen Gesichtern hockten sie schließlich alle am Feuer. Die gemütliche Wärme machte froh. Holz wurde nachgelegt. Schnell fraßen sich die Flammen ein.

Von weitem leuchteten die Fenster in den Häusern gelblich. Hinter den Gardinen bewegten sich Menschenschatten. Einer von den Jungen erzählte die Gruselgeschichte vom „Mord im Schloß“, betonte dabei energisch, daß sie wahr sei; Peterpaul hatte sie schon im Lager am Möhnesee gehört, schwieg aber, um den anderen nicht die Spannung zu verderben.

Einer wußte einen schmutzigen Witz, den die meisten nicht verstanden, obwohl sie wie auf Kommando lachten.

Mädchen machten große Augen, versuchten den zu gewinnen, der ihnen von den Jungen sympathisch war, auch mit schmutzigem Gesicht und angebrannter Haut.

Nieselregen setzte ein, vertrieb die Runde am Feuer. Der vergessene Hunger machte sich bemerkbar. Noch ehe das Feuer erlosch, waren alle zu Haus.

Wie von unsichtbarer Faust niedergedrückt, schlurfte Frau Schleiter mindestens einmal am Tag an Peterpauls Schularbeitenfenster vorüber. Sie mußte einkaufen. Ihre Füße kamen nicht vom Boden hoch. Sand und Steine schoben sich zur Seite. Es sah aus, als hätte ein großes Tier seine Spur über den Weg gezogen.

In ihren Händen wippte eine karierte Leinentasche auf und ab. Im verwaschenen Kittel wirkte die Frau wie eine Greisin. Das Zittern ihres Kopfes und die strähnigen Haare unterstützten diese Meinung. Buschige Augenbrauen spannten sich über verweinte Augen. Ihr Mund lächelte ununterbrochen, wie manchmal bei Menschen, die durch einen Schlaganfall gelähmt worden sind. Sie mußte hübsch gewesen sein früher. Die Frau blickte zu Boden. Näherte sich ein Auto, blieb sie abrupt stehen, drückte gleichzeitig ihren Rumpf mit äußerster Anstrengung nach hinten, konnte für Sekundenschnelle die Richtung des Wagens ausmachen, sackte gleich wieder in sich zusammen, um panikartig einen Zaun oder eine Mauer zu erreichen. Ihr Schicksal war bekannt: Einstürzende Mauern hatten sie bei einem Bombenangriff begraben. Ein Rettungstrupp befreite sie. Noch wochenlang habe sie wie ein dahinsiechendes Kind gewimmert, ehe sie in Lethargie versank. Ihr Mann sei mit dieser Situation nicht fertig geworden. Er trank, schlug auf die Frau ein, verlor seine feste Arbeitsstelle, war nun Gelegenheitsarbeiter. Anfangs tuschelten sich die Straßenbewohner diese Geschichte zu, voller Mitleid noch.

Aber die Zeit machte blind. Die Gebeugte gehörte zum Alltag wie die Männer von der Müllabfuhr, wie der Postbote.

Früher griffen die Frauen noch beherzt zu, wenn sich die Ärmste die Treppe zum Laden hochzog, jetzt wurde der „Schleiterschen" nur noch geholfen, wenn sie nach einem Sturz hemmungslos weinend in Milch- oder Bierlachen lag. Der Schleiterschen, die hoffte, auf die Beine zu kommen, die es nicht schaffte, die schließlich auf allen vieren versuchte heimwärts zu kriechen, um ihre Prügel zu beziehen.

Alle halfen auf, aber nur wenige steckten ihr ein paar Groschen zu, damit sie noch einmal zurückschlurfen konnte, um neues Bier zu besorgen.

Erst riß der Junge übereinandergelegte Zeitungen in Streifen, dann zerkleinerte er alles bis auf Briefmarkengröße, dabei nahm der Papierberg auf dem Küchentisch beängstigende Ausmaße an. Schließlich wühlte der Junge im Schrank nach verwahrten braunen Obsttüten, stopfte alles Kleingerissene hinein. Den Rest, mehr Flusen als Papier, pustete er von der Linolplatte des Tisches, die eingebrannte Kontur eines Bügeleisens wurde wieder sichtbar.

Jetzt ging der Junge hinauf zu Murchaus, schellte zweimal. Frau Murchau tat überrascht, prüfte noch in der Tür die vollgestopften Tüten, war einverstanden, ließ den Jungen in die Wohnung treten.

Zur Belohnung reichte sie ihm einen dicken, grünen Apfel herüber und versprach ihm eine Eintrittskarte für den Besuch einer Generalprobe von „Frau Holle" im Saalbau Felling. Sie spielte darin die Hauptrolle. Wahrscheinlich auch ihrer Leibesfülle wegen.

Minuten später führte sie ein maßgeschneidertes Kostüm

vor. Dabei glänzten ihre Augen, und bei der geringsten Atembewegung glitzerten die aufgenähten Pailletten regenbogenfarben. Peterpaul spürte in diesem Augenblick, daß Frau Murchau glücklich war. Und diese Kostümschau mußte solch einen Eindruck gemacht haben, daß der Junge noch in der Nacht von Frau Holle in Hauswirtinnengestalt träumte.

Der Tag, besser der Vorstellungsabend, näherte sich beunruhigend schnell. Es schneite schon den ganzen Nachmittag, ein Umstand, der Frau Murchau die Einstimmung auf ihre Rolle erleichterte. Jedenfalls summte sie zufrieden vor sich hin, als sie behend durch den weichen Schnee stapfte, begleitet von Peterpaul, der beladen war mit einem Karton, aus dem das Stilett eines Theaterdolchs lugte. Das Instrument hatte in einem weiteren Stück einem Akteur das Leben auszulöschen.

Der Scheinwerfer auf der Bühne brannte viel zu grell. Von einem kleingeratenen Mann bekamen die anderen und auch Frau Murchau ihre letzten Anweisungen. Frau Murchau zwängte sich in ihr etwas zu schmal gezimmertes Wolkenhaus, klappte ein schmuckes Fensterlädchen auf, steckte ihren Kopf hindurch, lächelte verlegen.

Den Jungen interessierten die Aufbauten. Die hinteren Holzverstrebungen waren nicht bemalt, die Verschraubungen angerostet. Auf den Kulissenwänden blätterte die Farbe älterer Vorführungen ab. Ein Mann in dunkler Brille rückte einige Stühle zurecht. Noch ehe alle richtig standen, wurde der erste von einem überdimensionalen Frosch, der ziellos und unschlüssig umherhüpfte, umgeworfen. Ein hübsches Mädchen, im Mantel noch, drückte sich eine Blechkrone ins getönte Haar.

Während Mitspieler ihre Rollenbücher befragten, murmelte Frau Murchau leise vor sich hin.

Peterpaul linste durch das Loch im Vorhang, so wie es nebenan ein junger Mann tat, sah im Dämmerlicht des Saals viele leere Stuhlreihen, aber vom hinteren Eingang her kam ein Schwall Besucher heran, suchte seinen Platz. Frauen und Männer öffneten ihre Mäntel. Manche zogen sie aus, legten sie über die Stuhllehnen neben sich, stellten ihre Taschen ab. Es roch nach Bier aus dem Saal, Relikt einer kürzlichen Veranstaltung. Auf den knarrenden Holzstühlen rutschten Kinder hin und her, ungeduldig drängten sie zur Bühne, wurden gleich wieder von ihren Müttern zurückgerufen.

Zu beiden Seiten des Vorhangs nahm das Stimmengewirr zu. Es verdeutlichte, daß der Saal draußen voller wurde, daß aber auch die Nervosität der Mitspieler von Sekunde zu Sekunde stieg.

Frau Murchau gab Peterpaul einen Wink, lässig genug, wie es sich für eine Art Märchenkönigin gehört. Der Junge verstand, tastete sich vorsichtig die schmale Holztreppe hinunter, fand sich in den Türen nicht zurecht, landete in einem Umkleideraum, wo gerade die schöne Prinzessin dabei war, dem Ungetüm von Frosch einen Kuß zu geben. Beide bemerkten den Jungen nicht, der schleunigst, aber so leise wie möglich, die Tür wieder zuklinkte und schließlich doch noch den richtigen Bühnenausgang zum Saal fand.

In der zweiten Reihe war noch Platz. Silbersterne am Vorhang reflektierten das Licht. Oben in der Kugellampe spielten etliche Nachtfalter fangen. Dann sprach ein Mann in Frack und Fliege Begrüßungsworte, verhaspelte sich erst, wurde jedoch nur in der Halsgegend puterrot. Das Gesicht verfärbte sich der Schminke wegen nicht. Er sprach jetzt flüssiger, doch störte ihn ein Lautsprechergeräusch, das zunehmend heftiger wurde und die letzten Sätze des Mannes verschluckte, ehe es auf Untermalung zurückfiel. Die Zuhörer verstanden noch etwas von „Laienspielern“, „Rücksichtnahme“ und „Freude beim Märchenspiel“.

In diesem Moment öffnete der jungen Mann von eben den Vorhang. Die Zuschauer klatschten begeistert.

An einem Brunnen mit flügelähnlichen Metallstäben saß das schwarzhaarige Mädchen und weinte. Trotz dieses bedauerlichen Umstandes war es auf der Bühne feierlich wie Weihnachten. Gold- und Silbersterne pendelten über den Kulissen. Engelhaar täuschte Eiszapfen vor. Aus Pappmachébäumen leuchteten goldene Äpfel. Portale spiegelten sich gegenseitig in ihrer Silberfolienhaut. Im Kamin flackerte ein Feuer viel zu gleichmäßig.

Aus dem Bühnenhimmel taumelten Schneeflocken herab, machten weite Umwege, ehe sie irgendwo zur Ruhe kamen.

Der Junge in der zweiten Reihe schlug die Beine übereinander und erinnerte sich nur ungern daran, daß die Schneeflocken in Wirklichkeit sein Zeitungspapier waren.

Ohne anzuklopfen öffnete Peterpaul mit dem Ellbogen die Tür. In den Händen hielt er ein Tablett mit Tassen und einer Kanne Kaffee.

Zigarettenqualm hatte Bernds Zimmer bläulich eingenebelt. Hännes saß am Schreibtisch, Friedhelm hatte sich die Liege ausgesucht, Josel hockte auf einem zerschlissenen Läufer. Sie schrieben an einer Deutscharbeit, einem Hausaufsatz. Bernd gab Hinweise zur Gliederung und zu verschiedenen Höhepunkten, die den Text spannender machen sollten.

Er lehnte an seiner alten Kommode, stützte seinen Arm auf ein dickes gelbes Buch. Peterpaul wußte, daß es „Flug in die Hölle" hieß.

Der heiße Kaffee schmeckte den Schreibern, munterte auf. Sie flachsten ausgelassen, vergaßen ihre Schularbeit. Friedhelm faltete aus einer herausgerissenen Heftseite eine Schwalbe, warf sie gegen die ausladende Lampenschale an der Decke. Sie verfehlte ihr Ziel, prallte gegen einen Stapel Bücher, trudelte zu Boden.

Hännes entblätterte eine halbe Tafel Schokolade, verteilte ehrlich, auch Peterpaul bekam ein Stückchen ab.

Josel schlug Seiten eines Buches um, fand schließlich den Isenheimer Altar von Grünewald, deutete mit dem Zeigefinger auf die angenagelten Hände Christi, bestätigte nickend, daß der Kaplan gestern recht gehabt habe: auch hier hätte das Körpergewicht die Hände Christi zerrissen. Die anderen traten heran, Josel blätterte weiter. Bei einer Skulptur des Augsburgers Petel machte er halt. Die anderen bestätigten, daß nur dieser Künstler, als einer der wenigen, den Umstand der Gewichtsverlagerung bedacht habe; die Nägelköpfe lagen hier über dem Handgelenk. Die Tassen waren leer. Bernd hob die Hefte auf, las nacheinander die Aufsätze laut vor, machte beiläufig Bemerkungen, lobte manchen guten Satz. Gespannt lauschten seine Mitschreiber.

Der Junge sammelte die Tassen ein, ging hinaus. Auf dem Tablett lag auch die Papierschwalbe von Friedhelm.

Von Tag zu Tag verschlimmerte sich Vaters Husten. Die Brust schmerzte, Blut mischte sich zwischen den Auswurf. Zusehends magerte der Mann ab. Er war still geworden, hatte das Lustigsein verlernt. Draußen hackte nun Peterpaul das Holz. Nicht so geschickt wie Vater, aber es war wichtig, daß die Oberkante der gestapelten Hölzer Augenhöhe erreichte, Vaters Wintersoll.

Der Arzt untersuchte den kranken Mann, wies ihn in das Knappschaftskrankenhaus nach Recklinghausen ein. Vater mußte bleiben.

Die Fahrt mit der Straßenbahn war umständlich, deshalb fuhren Bernd und Peterpaul mit den Rädern mittwochs und samstags nach Recklinghausen. Bernd kannte die Stadt von den Buchhandlungen her und von den Zeitungen, die hier erschienen.

Die Fahrt war anstrengend, aber abwechslungsreich. Weit verstreut lagen die Bauernhöfe in Suderwich. Oben auf der Autobahn glitten Lastwagen vorüber, trugen ihre Lasten ins Ruhrgebiet. Die beiden Schornsteine von Zeche „König Ludwig 4/5“ wuchsen höher empor, je mehr sie sich ihnen näherten. Oben auf der Kuppe zwischen den Blitzableitern lagerte gut sichtbar zentnerweise Ruß. Vom Fahrrad aus gesehen, wankten die beiden Kamine. Gegenüber auf der anderen Straßenseite surrten die Umspannisolatoren auf ihren Eisenstelzen. Bernd erzählte, daß sich die Amerikaner beim Einmarsch davor gefürchtet hatten, weil sie getarnte Geheimwaffen vermuteten.

Im Tunnel der Zechenbahnüberführung klingelten beide aus Übermut. Zu den Klingelgeräuschen grölten sie das Lied „Von den blauen Bergen kommen wir“.

In der Weiche wartete die Straßenbahn aus Suderwich auf die aus Recklinghausen. Nachmittags war sie leer. Einige schwarzgekleidete Frauen waren auf dem Weg zum Friedhof.

Mit Häusern aus der Gründerzeit umsäumte sich die Castroper Straße. Schnörkel an den Giebeln bildeten die Jahreszahlen 1871, 1872, 1873. In einem Schaufenster stapelte ein Schuster gerade Berge von Holzschuhen auf, nebenan aus einer Eckkneipe lärmten Jazzklänge herüber. Auf einer Anhöhe stand eine rußgeschwärzte neugotische Kirche. Von hier aus konnten die beiden Radfahrer das Straßenbahndepot sehen, in das in diesem Augenblick eine rote Werkbahn einfuhr.

Sie erreichten die Schlegelbrauerei, es roch nach Maische. Bis zur Straßenunterführung ging es bergab, sie brauchten nicht mehr zu strampeln. Vom Bahnhof, rechter Hand gelegen, kamen die Geräusche eines anfahrenden Zuges herüber.

Jetzt mühten sie sich den Westerholter Weg hinauf, erreichten schwitzend das Krankenhaus. An der Pforte wurde ein Kind aus einem Krankenwagen gehievt. Es blutete am Kopf. Der Anblick trieb ein flaues Gefühl in die Magengegend.

Im dritten Stock fanden sie das Zimmer. Vater lag direkt an der Tür, so brauchten sie nicht in den Gesichtern der anderen Kranken zu suchen.

Vater hatte ein weißes Nachthemd an. Zerknitterte Laken waren mit Obstflecken beschmutzt. Vaters Gesicht war gerötet. Er weinte, als er die Söhne sah. Seine Enttäuschung über das untätige Daliegen, tagelang, wochenlang zum Nichtstun verdammt zu sein, vermischte sich mit dem Gefühl der Wiedersehensfreude. Er war nicht allein gelassen, nicht vergessen.

Von seinem Traubensaft wollte er abgeben. Seine beiden Besucher lehnten ab, obwohl sie Durst hatten. Noch schluchzend zeigte er ihnen seine Brust: verbranntes Fleisch von Bestrahlungen. Und die Schmerzen ließen und ließen nicht nach.

Peterpaul sah keinen Zusammenhang. Bernd war weiß im Gesicht. Er wollte aufmuntern, zog ein paar Zeitungen aus der Tasche, deutete auf seine Berichte über Theaterveranstaltungen, über Jungscharwettbewerbe.

Vater beruhigte sich, lächelte über den Erfolg seines „Großen“, strich Peterpaul über das Haar. Der Junge erinnerte sich an das Bild in der Bibel, auf dem Isaak seine beiden Söhne segnet. Die Männer im Zimmer schauten nur gelegentlich herüber, starrten gegen die Decke, unterhielten sich mit ihrem Bettnachbarn.

Peterpaul machte an der Bude unten Besorgungen: Sprudel, Tempotaschentücher. Später drückte auch er seinem Vater feste die Hand. Die Besuchszeit war um. Eine Krankenschwester schob auf einem Wagen die Bettpfannen herein.

Bevor sie wieder den Weg zurückfuhren, kauften sie in einem Café am Herzogswall Eis. Sie schwiegen noch eine ganze Weile, nicht allein des Lutschens wegen.

Später wurde Vater wieder nach Hause gebracht. Sein Fall war hoffnungslos. Hohläugig und mit fahlem Gesicht lag er in einem der Ehebetten. Mutter rieb ihn nun mehrmals täglich mit einer weißlichen, stark riechenden Flüssigkeit ein. Der Geruch blieb auch nach dem Lüften noch im Raum.

Inzwischen wurde Herr Grüter aus der Nachbarschaft beerdigt. Wie ein Häufchen Elend saß Vater mit schmächtigen Beinen am Fenster, nahm auf seine Weise Abschied.

Mutter weinte meist, nachdem sie Vater versorgt hatte; seine Ungeduld erschöpfte sie.

Er rang immer mehr nach Luft. Seine Lungenflügel rasselten, hatten einen drohenden Rhythmus gefunden. Die Geräusche von draußen übertönten nur selten diesen steten Kampf. Der Junge leerte den Nachttopf aus, rieb seinen Vater mit den Salben aus der Apotheke ein. Dabei verdeckte der Mann, der noch vor Monaten ein Hüne gewesen war, schamhaft sein Geschlechtsteil.

Der wachsfarbene Körper hatte keine Kraft mehr.

Der Kunstdruck einer nackten Schönheit über dem Bett war durch die Wandfeuchtigkeit wellig geworden. Rosawangige Engelchen umschwärmten die auf dem Diwan liegende Frau, brachten Früchte herbei. Die einstige Hochzeitsgabe wirkte wie blanker Hohn.

Auf der Straße schellte energisch der Milchmann.

Hinter dem Eichenwäldchen jenseits der Siedlung lag der Sportplatz, auf dem Onkel Fernand als Platzwart fungierte.

An den Umkleideraum für die Spieler, einen Geräteschuppen für Netze, Bälle und Fahnenstangen, schloß sich ein längliches, erdgeschoßhohes Häuschen an, in dem seine Familie lebte, seit einiger Zeit auch die Großmutter.

Ihr Geburtstag wurde meistens sonntags gefeiert, mit Rücksicht auf die arbeitenden Männer. Deshalb konnte der Onkel seinen Gästen Heimspiele des VfB-Habinghorst frei Haus bieten, manchmal sogar in zugkräftigen Begegnungen, wenn Arminia Ickern der Angstgegner war. Menschen strömten zusammen, sorgten für Rekorde beim Kartenverkauf, steigerten auch erheblich den Umsatz in Onkel Fernands Bierbude. Selbst der Betrunkenste hütete sich davor, leere Flaschen auf das Spielfeld zu werfen, vielmehr versteckte er sie unter Bänken oder zwischen Maulwurfhügeln. Später sammelten die Kinder sie wieder ein, freuten sich, wenn sie mit den braunen Flaschen neue Zigarettenschachteln aufheben konnten, die ihren Vorrat an Spielkarten erheblich vermehrten.

Stunden vor dem Anpfiff markierte der Platzwart die Feldlinien, delegierte aber gern diese Aufgabe an Peterpaul. Können gehörte dazu, das selbstgezimmerte klobige Gefährt gradlinig über das sandige Gelände zu bringen. Je nach Geschwindigkeit fiel mehr oder weniger Sägemehl-Kalkgemisch auf den Boden. Kompliziert wurde es in den Winkeln des Strafraums, wenn die Karre zum Stillstand kam. Blitzschnell mußte dann eine versteckte Kappe gezogen werden, die den Sägemehlschwall stoppte.

Nach einigen Fehlversuchen, die mit dem Besen retuschierbar waren, gelang es dem Jungen, das Vehikel in den Griff zu bekommen. Zum Schluß wurden großzügig die beiden Elfmeterpunkte bedacht. Vielleicht mag der Torwart später über den wuchtigen Punkt aus Sägespänen vor seiner Latte gestutzt haben.

Die Netze mußten schon morgens gespannt werden. Diese Prozedur kostete Zeit und Nerven. Der morsche Zustand des Netzwerks brachte wieder und wieder Überraschungen. War der erste Teil gespannt, brachte ein Windstoß das Ganze ins Wanken. Der Onkel besserte aus, flocht neue Schnüre ein, verstärkte durch Leim. Es entstanden eigenwillige, bizarre Verflechtungen, die dem Torwart nur noch den Blick geradeaus ins Spielfeld erlaubten, wollte er sich nicht durch einen Seitenblick optisch irritieren.

Mit dem kahlköpfigen Invaliden im Kassenhäuschen verstand sich der Junge gut, durfte ihm über die Schulter schauen, auch schon mal, wenn der Kriegsversehrte austreten mußte, Karten verkaufen. In diesen wenigen Minuten war der Junge auf der Hut. Mit der Ausrede „Wir sind VfB-Mitglieder“ wollten sich etliche Anstehende einen kostenlosen Fußball-Nachmittag verschaffen. Der Junge ließ sich die Ausweise zeigen. Die wenigsten hatten einen, bezahlten freiwillig das Eintrittsgeld, oder sie warteten, bis der Alte wieder angehumpelt kam und sie hereinließ.

Er roch nach Schnaps, hatte im Vorbeigehen an der Bude einen geschnorrt. In dem Kassenhäuschen mußte der „innere“ Ofen brennen, weil die Glasscheiben nicht vor Kälte schützten.

Der Besucherstrom ebbte ab, ein untrügliches Zeichen des baldigen Anstoßes. Der Junge verdrückte sich ohne Ausrede; er mußte den Mann an der Kasse allein lassen, weil ihn der Onkel als Hilfslinienrichter eingeplant hatte.

Menschen warteten auf den Wällen, andere saßen tiefer auf den Bänken. Die Mantelkragen waren aufgesteckt. Auch hier war es kalt, doch konnte das die gute Laune kaum mindern.

Peterpaul hockte auf dem Streifen „Niemandsland“ zwischen Spielern und Zuschauern. Er wartete geduldig darauf, daß auf seiner Seite der Ball ins „Aus“ getreten wurde. Dann würde er die kleine rote Fahne heben.

Zuschauer feuerten die Spieler an, nicht feinfühlig, aber

ermutigend: „Du Döskopp, mal ran!“, „Lauf nicht wie auf Stelzen!“ Wie auf Kommando steigerte sich das Stimmengewirr zu einem einzigen Urschrei, zu einem langgezogenen „Toooooor!“, wenn sich der Ball gegen das Tor drehte. Meistens aber brach der gemeinsame Schrei ab, wurde zu einem enttäuschten „Aaaach“.

Die Fußballbräute verfolgten gelassen das Spielgeschehen. Gelegentlich vergaßen sie in prekären Situationen, daß sie an Lakritzstangen lutschten, oder sie unterbrachen für ein paar Sekunden die Lungenzüge aus ihrer Golddollar-Kette.

Der Ball flog ins „Aus“. Der Junge hob akkurat die Fahne. Von den Zuschauern wurde der Ball zurückgeworfen. Zwei Spieler zankten sich um den Einwurf. Der Junge zeigte mit dem Fahnenstock auf den Unnachgiebigen, dann auf den anderen. Der bekam jetzt vom Schiedsrichter den Ball. Das Spiel ging weiter.

Bei Halbzeit aßen die Kinder den Rest der Geburtstagstorte; die Frauen waren längst fertig, ihr Interesse galt jetzt mehr familiären Dingen. Das verspätete Geklapper von Besteck und Tassen störte ohnehin die tiefschürfenden Gespräche nicht, weil die Kinder am „Katzentisch“ in der Küche aßen. Die Tassen trugen Inschriften „Zur 1. Hl. Kommunion“ oder „Zur Vermählung“. Trotz ihrer echten Goldränder waren sie noch keine Sammelobjekte.

Regen setzte ein. Die Zuschauer hatten ihn einkalkuliert. Sie kuschelten sich in Decken, falteten Regenhäute auf, breiteten über sich und Freunde Zeltplanen mit Tarnmustern aus. Der Junge suchte Schutz unter dem Laubdach einer Eiche.

Schlammspritzer und Bodenfaller färbten die Trikots zu einem Einheitsgrau. Die Fouls wurden härter bestraft. Der Schiedsrichter gab einen Elfmeter. Der ausgewählte Spieler verschoß ihn. Die auf den Rängen pfiffen. Ein Köpper ging an die Latte. Tore blieben aus.

Die Trainer auf den Extra-Stühlen mahnten wie gegen Wände an. Einer der beiden kaute an seinen Fingernägeln, der andere nuckelte an einer leeren Milchflasche. Das Spiel endete 0:0. Der Junge fand das gerecht, die im Menschenkeil vor dem Ausgang hätten gerne Tore gesehen. Es regnete nicht mehr. Die spärlichen Sonnenstrahlen versprachen einen gemütlichen Spaziergang nach Hause, aber von der Teerverwertung kroch gelblicher Qualm herab. Die vom Regen gereinigte Luft wurde aufs neue verpestet. Betrunkene bildeten die Nachhut. Onkel Fernand schloß das Tor und zog die eingerissenen Netze von den beiden Kippen. Peterpaul sammelte die Eckfahnen ein. In den Umkleidekabinen brausten die Spieler Schweiß, Schmutz und ihre Enttäuschung herunter. In einem Kleinbus fuhr die Gastmannschaft davon. Niemand winkte, kümmerte sich um sie. Die Gladiatoren hatten ihr Spiel vollführt. Die vom VfB fuhren erst später in ihr Vereinslokal.

Die Ränge waren mit Papier übersät, auch die sogenannten Tribünenwinkel, wohin der Wind es noch leichter getragen hatte. Der Onkel ließ das Papier bis morgen liegen, er machte Feierabend, ging ins Haus.

Die Kinder blieben zurück, sie wollten zwischen den Farnbüschen Versteck spielen.

Im Vorbeigehen hatte der Junge das Bild der Frau bemerkt. Die Frau war nackt. Er stellte die Einkaufstasche auf den Boden, hielt sie mit den Beinen aufrecht.

Eigentlich wollte der Junge nicht hinsehen, tat es doch, beugte sich näher an das Foto heran. Das Kribbeln in den Lenden war das gleiche wie damals im Schwarzwald, als ihn der Soldat über den Vorhang gehoben hatte, damit er die badende Frau dahinter anschauen konnte. Den Jungen irritierten diese Nacktheit, die Brüste, der vorgewölbte, wartende Bauch.

Als sich Frauen näherten, bückte sich der Junge schnell, tat so, als ob er seine Schuhe zubinde. Er schämte sich dieser Lüge. Eine der Vorbeigehenden deutete auf die Schaukästen, sagte, daß sie sich auch so ausziehen müßten. Die neben ihr lachten, stelzten auf ihren hochhackigen Schuhen weiter.

Der Junge richtete sich wieder auf, bewegte sich hin zum nächsten Schaukasten. Unter seinen Schuhen knirschte Glas. Die Scheibe war eingeschlagen. Bizarre Glasdreiecke umrahmten ein verwirrendes Plakat mit dem Titel „Die Sünderin". Der Junge dachte unwillkürlich an die Beichte bei Pastor Bohnekamp: „Ich habe Unkeusches mit Lust gesehen."

Die anderen Scheiben waren nicht zerstört. Dort konnte er auch keine nackten Menschen mehr sehen, bis auf den Freibeuter mit blanker, schwitzender Brust.

Dicht an den römischen Säulen des Kinos kämpfte Allan Ladd mit finsteren Gesellen, prangte ein „Roter Korsar". Das Schuldgefühl von eben war verschwunden, als der Junge zum wuchtigen Giebeldreieck mit der aufgestuckten Inschrift „Capitol" emporsah. Ein dicker Riß teilte die mittleren Buchstaben. Der Schalter war noch geschlossen. Ein Eisengitter versperrte den Zugang.

Der Wind wirbelte das bunte Gewirr abgerissener Karten auf, versuchte Collagen verschiedenster Art zu legen.

Der Junge ging zurück, wieder knirschte das Glas unter seinen Füßen. Er schaute nicht mehr zu den Fotos hin, hätte es auch nicht mehr gewagt, denn eine seiner Lehrerinnen trat gerade aus einem Lebensmittelgeschäft.

Peterpaul beeilte sich, die andere Straßenseite zu erreichen.

Vater lag im Sterben. Seine Brust war schwarz geblieben, eiterte. Er kämpfte nicht mehr gegen sein Ersticken an, hustete auch nicht mehr. Das Brodeln in der Brust ebbte ab.

Die Frau schickte den Jungen fort, damit er einen Priester hole. Es war Sommernachmittag, ein Sonntag. Der Junge raste mit dem Rad los, das ihm der Vater wenige Tage vorher unter Abschiedstränen vererbt hatte, ihm allein.

Die Welt schien leer geworden. Oft Gesehenes war fremd, als gehöre es woanders hin. Menschen bewegten sich wie Puppen vorwärts, ihre Stimmen klangen kreischend, hallten wider. Hauswände schirmten das Leben ab, dunkel und angstmachend.

Im Schwesternhaus stotterte der Junge einer Pfortennonne sein Leid entgegen. Die Schwester kannte ihn, vom Messedienen in der kleinen Kapelle her.

Ohne eine Antwort abzuwarten, fuhr er wieder zurück, langsam jetzt, wie in Zeitlupe, dachte an seinen Vater, dachte ans Sterben.

Der Kaplan kam mit einem grauen VW. Er ließ den Wagen unter der Laterne stehen. Vater bekam die Letzte Ölung. Beichten konnte Vater nicht mehr.

Der Priester blieb, bis alles vorbei war. Nachbarn benachrichtigten den Arzt; sie hatten Telefon.

In der Küche stellte der Arzt den Totenschein aus, nachdem er vorher einen Spiegel gegen den Toten gehalten hatte. Er hatte den Kopf geschüttelt. Das Zeichen für „aus und vorbei".

Am Montag kam Bernd aus Kassel zurück. Junge Autoren hatten dort gelesen.

Obwohl Vaters Leichnam schon morgens in einem Eichensarg zum Friedhof überführt worden war, hatte sich die Stille in der Wohnung kaum verändert. Die Witwe zog die Betten ab, band einen Trauerflor an die Seitentür des Hauses, damit die Hausierer und Stadtmusikanten die

Trauer respektierten. Nachbarn sprachen ihr Beileid aus, bedauerten die alleingelassene Frau. Das schwarze Kleid, das schon zu viele Beerdigungen mitgemacht hatte, machte sie noch jünger.

Peterpaul hatte Bernd aufgemacht, als er mit dem kleinen schäbigen Holzkoffer an der Küchentür schellte. Er fragte nach Vater, schaute hinüber zur Schlafzimmertür. Der Junge sagte leise, daß Vater tot sei. Bernd hatte den Bericht seiner ersten und noch dazu erfolgreichen Lesung bereits in der Hand, steckte ihn achtlos weg, schloß sich in seinem Zimmer ein. Der Junge hörte ihn weinen.

Die Tage bis zur Beerdigung wollten nicht vergehen. Das Wachwerden schmerzte. Bernd schrieb auf einer ausgeliehenen Schreibmaschine die Totenbriefe, Peterpaul brachte sie ins Postamt, klebte die Marken auf, ehe er sie bündelweise in den Briefkasten warf.

Den Leichenwagen zogen Pferde in schwarzen Pleureusen. Neben dem Wagen schritten sechs Arbeitskollegen Vaters in schwarzen Anzügen. Mutter, Bernd und Peterpaul gingen hinter dem Wagen. Zwischen den Sandstrahlblumen auf den Scheiben war der braune Sarg zu sehen. Verwandte, Nachbarn und Arbeitskollegen trugen Kränze, die schwarzen Krawatten machten die Hochzeitsanzüge zur Trauerkleidung. Dumpf schlugen die Glocken von St. Josef herüber, als der Trauerzug in die Straße zum Friedhof einbog.

Der Junge spürte, wie die weißen Kniestrümpfe rutschten. Auch die Bleyle-Hose von der Kommunion kratzte wieder.

Am Grab sprach der Priester die Gebete. Ein Vertreter von „Ziegel und Beton“ nannte Vater einen willigen und einmaligen Kollegen, einen Freund. Mutter weinte. Bernd und Peterpaul stützten sie.

In das anschließende „Vaterunser“ stimmten nicht alle ein.

Zuerst gingen die Blicke aneinander vorbei. Der Junge musterte die geschliffenen Facettenkanten, dann die Sprenkel abblätternder Silberschicht, die sich an den Rändern vermehrten. Spuren von Fingerkuppen waren geblieben.

Jetzt erst begegneten sich sein Blick und der des Spiegelbilds. Er sah sein eigenes Gesicht mit den Augen, der Nase, dem Mund. Über Jahre war ihm dieses Gesicht gleichgültig geblieben, es gehörte zu ihm, selbstverständlich und mit ihm verwachsen.

In diesem Augenblick aber blieb es ihm fremd, als hätte er es zum erstenmal gesehen.

Vom Zusammentreffen der Blicke an veränderte es sich, als wäre er noch näher herangetreten, ganz nah. Aus den geweiteten Pupillen schraubten sich Kreise heraus, die gleichen, wie sie ihm aus den Fiebertagen bekannt waren, die ihn im Kranksein umkreisten, unheimliche Dimensionen annahmen, ihn dabei gefangenhielten, mit ihm spielten, mit ihm, dem Winzigen, ihn erdrückten.

Als blicke ein Fremder einen Fremden an. So sehr er darüber nachdachte, so sehr er in den Gesichtssymbolen suchte, so sehr er sein Gegenüber abtastete, er fand keine Erinnerung.

Für Bruchteile von Sekunden brach eine quälende Leere herein, wie er sie bisher noch nie erfahren hatte. Er las Angst in den Augen. Er starrte sich an, fassungslos. Er hatte sein eigenes „Ich" verloren. Ihm kam es vor, als würde er auf einem handtuchgroßen Stück Land stehen, von einem unendlichen Meer umtost. Wellen fraßen sich in die Reste des verbliebenen Standorts.

In seiner Verzweiflung schloß der Junge die Augen. Die Bewegung tat gut, sie erleichterte. Auch als er die Hände gegen sein Gesicht preßte, spürte er wieder Gegenwart, seine Gegenwart. Die Berührung gab sie ihm wieder, er wachte aus seiner Ohnmacht auf, öffnete die Augen, sah sich, war wieder ein Ich, ein Ich, das es nur einmal gab, das zu ihm gehörte, mit dem er zu leben hatte, durch das er überhaupt lebte.

Der Junge wandte sich ab, abrupt und erleichtert. Das Licht von draußen schmerzte noch, er gewöhnte sich daran.

Eine Feder schwebte jenseits des Fensters vorüber, zart, leicht und leise. Sie machte ihn glücklich, er hätte sie besitzen mögen, sie hätte ihm Freund sein können.

Noch ehe er weiterdachte, noch ehe die Feder aus seinem Blickfeld entschwand, stürzte ein Vogel heran, trug sie fort, stahl sie ihm am hellichten Tag. Und er war da und wehrte sich nicht, konnte sich nicht wehren.

Für die anderen Männer unten am Zaun wirkte der Kopf zwischen den Dachpfannenketten störend. Schmiedeshoffs Taube saß dicht vor dem Einflug. Sie war die erste, die den Preisflug von Stade aus überstanden hatte.

Schmiedeshoff lockte. Die Taube warf ihren Kopf zur Seite, ihre Knopfaugen sahen sich fest an der Bewegung in der Dachluke. Auf seinen Blauschecken hatte Schmiedeshoff gesetzt. Tags zuvor noch hatten sie ihn ausgelacht, die Nachbarn, hatten seine etwas plumpen Tiere bemitleidet.

Die Stechuhr wartete nun auf den Ring. Die Taube aber rührte sich nicht. Schadenfroh hörten die Männer unten die Lockrufe auf dem Dach. Die Taube starrte wie gebannt auf das rötliche Haar ihres Züchters. Schmiedeshoff zog den Kopf ein, lockte vom Schlag aus, hielt dem Tier eine Handvoll Mais und Wickensamen entgegen. Endlich kam Leben in den kleinen Leib, tapsige Schritte in Richtung Schlag. Der junge Mann zog an einer Schnur, augenblicklich schloß sich die Luke von draußen. Flügelschlagend wehrte die Taube den harten Griff ab, hackte auf die Hände ein, verlor den ungleichen Kampf, gewann ihn im gleichen Moment, weil Schmiedeshoff sie wieder losließ. Er preßte den Gummiring in die Hülse, steckte die Hülse in die Uhr. Beim Weiterdrehen der Apparatur rumorte es in dem hölzernen Kasten, die Zeit der Ankunft wurde festgestempelt. Schmiedeshoff war zufrieden, nun konnten die nächsten Tauben kommen. Sein Einsatz hatte sich gelohnt.

Während der zeitraubenden Prozedur war der Junge still geblieben, saß geduldig auf einer Kiste. Jetzt stieg er hinauf zum Schlag, schaute mit Schmiedeshoff in den weißgefederten Himmel. Oben bildeten neue Ankömmlinge einen Halbkreis, flogen zielstrebig ihren Ställen zu.

Die Männer waren längst auseinandergelaufen, schauten bald selbst aus den Dachluken hervor, lockten mit bestem Futter, sprachen zu ihren Tauben wie zu Kindern.

Schmiedeshoff überließ jetzt Peterpaul allein den Ausguck. Er räumte unterdessen Eimer zur Seite, säuberte Futterschalen, gab der heimgekehrten Taube frisches Wasser. In den Nisthöhlen pickten Jungtauben an trockenen Tabakstrünken. Ein paar Tauben taten so, als ob sie brüteten. Schmiedeshoff fegte Kot zusammen, warf ihn in eine Wanne, kletterte die Leiter zum Jungen empor.

Zwei Tiere näherten sich dem Schlag direkt. Peterpaul trat vom Ausguck zurück, überließ alles Weitere seinem Nachbarn. Er mußte auch nach Hause, Mittagessen.

Mit Hilfe eines Drahtes prockelte er sich den Schmutz aus den Rillen seiner Schuhe, sammelte bunte Federn auf, steckte sie in die Hosentasche, dann rief er zur Luke hinauf: „Tschüß!“

Mutter kochte für die korpulente Frau von der Fürsorge Kaffee. Die Frau saß auf dem Sofa, ihre Blicke musterten die Wohnung, tasteten sie ab, suchten nach Überfluß, waren enttäuscht.

Sie lächelte zu dem kleinen Mädchen hinüber, das in seiner Spielecke mit Bauklötzen hantierte. Das Kind schaute weg, als ob es fühlte, daß das geschenkte Lächeln ohne Liebe war.

Draußen im Stall hantierte der Junge an einer Weißblechdose, er versuchte, daraus eine Lampe für das Rad zu basteln. Es gelang, nachdem er die Halteschraube richtig isoliert hatte.

Noch steckte der Ärger in ihm. Mutter wollte ihm das Geld für die Schulhefte noch nicht geben. Erbost und trotzig rief er gegen das Küchenfenster an, er brauche Geld, ohne zu wissen, daß oben die Frau von der Fürsorge saß. Prompt öffnete sich das Fenster. Sie würde sich solche Töne verbieten, sagte die Fürsorgerin. „So schreien Jungen, die in Erziehungsheime kommen."

Der Jungen wurde rot. So hatte er es nun nicht gemeint. Er wollte nicht in ein Heim. Die dickliche Frau wartete oben am Fenster, wartete auf eine Entschuldigung. Peterpaul murmelte sie, ging in die Nebenküche. Auf dem Tisch lag das Geld für die Hefte. Ehe Mutter den Kaffee nach oben brachte, verzog sie den Mund zu einer vieldeutigen Grimasse.

Die Frau nippte an der Tasse, mag sein, daß sie sonst besseren Kaffee bekam, dann ließ sie sich von Mutter die Schränke öffnen. Mit ihren gepflegten Fingern zählte sie Bett- und Handtücher. Dem Mädchen in der Spielecke putzte Mutter die Rotznase sauber. Diesen Moment benutzte die von der Fürsorge, um sich nach dem Geld zu erkundigen, das Mutter bekomme, wenn sie auf das Kind aufpasse. Das mache sie aus Nachbarschaftsliebe, antwortete Mutter, ohne Geld. Die Frau wollte nun noch Mäntel und Schuhe besichtigen. Schließlich war die Vorzeige-Prozedur beendet.

Umständlich kramte die Fürsorgerin das Antragsformular aus ihrer ledernen Aktentasche hervor, sagte dabei:

„Wollen mal sehen, wollen mal nicht so sein" und bestätigte die Notwendigkeit für ein paar Burschenschuhe, die Mutter für Peterpaul bei der Stadt beantragt hatte.

Bernd öffnete die braune Tür zum Laden. Die Klingel über ihm schreckte auf, machte aufmerksam. Verstaubte Glasperlenlampen gaben spärliches Licht. Sie beleuchteten kaum die Stoffballen in ihrer Nähe. Im Raum roch es nach Essig.

Mutters Geburtstagsgeschenk sollte eine Tischdecke sein, und zwar die aus dem Schaufenster.

Bernd war genauso verdutzt wie das Mädchen, das durch den üppigen Brokatvorhang den Laden betrat: Es war Ingeborg.

Seit der vagen Verabredung damals hatte er sie nicht mehr gesehen. Sie war ohne Zöpfe. Das schwarze Haar hing nun glatt herunter, reichte bis zur Schulter. Ihr Gesicht sah fraulicher aus. Sie erwähnte kurz, daß ihre Klasse wenige Tage nach dem Zusammentreffen im Schulflur nach Heringsdorf verschickt worden sei.

Daß ihr Haus bombadiert worden war, wußte Bernd, daß aber Inges Vater ein Bein verloren hatte, war ihm neu. „Ist in Finnland passiert. Ein Lastwagen kam ins Rutschen und hat es ihm abgequetscht. Das andere Bein konnte gerettet werden." Sie wohnten jetzt in Merklinde.

Das Rattern einer Nähmaschine hinter dem Vorhang hörte auf. Eine abgehärmte Frau schob ihn zur Seite, ging auf Bernd zu, fragte direkt: „Was wünschen Sie bitte?" Das überraschte Bernd. Er spürte ein ungutes Miteinander. Das Gesicht der Frau lauerte förmlich auf eine Antwort. Er würde bereits zuvorkommend bedient, sagte er gelassen.

Die Frau schlurfte davon, packte Taschentücher in ein leeres Regal. Der lauernde Blick war geblieben, sie hoffte, das leiser gewordene Gespräch zu erhaschen.

Bernd schlug vor, ob sie sich nicht im Café Golombeck oder anderswo treffen könnten. Ingeborg war einverstanden. „Donnerstag nach Feierabend. Hol mich bitte von hier ab." Jetzt erst brachte Bernd seine Einkaufswünsche vor, zeigte zum Schaufenster hin. Das Mädchen griff unter den Ladentisch, zog ein paar Decken hervor. Als sie sah, daß die aus dem Schaufenster dabei war, sagte sie „Gewußt wo!" Sie faltete das Tuch auf, dabei entstand ein leichter Luftzug. Mit den gewollten Bewegungen eines Mannequins führte sie das Tuch vor, hielt es wie Kleiderstoff gegen die Schulter, dabei verdeckte sie den Tintenfleck an ihrer Kitteltasche.

Bernd ließ sich die Decke einpacken. Beim lauten Wort „Kasse" näherte sich die Hagere. Sie musterte den jungen Mann vor sich. Er hielt ihren Blick aus. Beim Hinausgehen wäre Bernd beinahe über den satten Mops gestolpert. Das Tier hatte in Türnähe gedöst.

Als die Glocke den Hinausgehenden verabschiedete, war Ingeborg bereits wieder hinten im Lager und nähte an einem Gardinenstoff.

Stimmengewirr hatte ihn vollends geweckt. Eilig zog er seine Trainingshose über. Sie war ihm zu groß, stammte von Bernd.

Er schob die Gardine fingerbreit zur Seite und spähte in den kleinen Hof. Murchaus Schwein zerrte an einer Schlinge, versuchte auszubrechen. Männerhände zogen es an den Ohren zurück. Herr Murchau trat gegen die Vorderbeine. Der Fleischkoloß wehrte sich. Herr Murchau rutschte aus, fiel hin, rollte sich schnell aus der Gefahrenzone. Das Tier grunzte. Ein Mann in Gummischürze stellte sich über das Schwein, als wolle er reiten. Er drückte einen taschenlampenähnlichen Apparat gegen die Stirn des Gefesselten, brachte ihn in eine bestimmte Lage. Es knallte kurz und trocken. Das Tier schrie, bäumte sich auf, sackte zusammen. Das Zappeln der Beine wurde langsamer. Der Junge schaute betroffen zu. Der Mann in der Gummischürze tauschte den Bolzenapparat gegen ein spitzes Messer ein, stach zu. Blut schoß aus der Halswunde. Um Sekundenbruchteile kam Herr Murchau mit seiner Aluminiumschüssel zu spät. Das Blut hatte schon einige Platten eingefärbt.

Frau Murchau rührte im Blut, ihr Atem verriet Aufregung. Der rote Strom versiegte. Der Metzger zog eine Zinkwanne heran. Beide Männer wälzten das Tier hinein. Mit heißem Wasser kam die Hauswirtin aus der Waschküche. Der fremde Mann übergoß das Tier geschickt. Die Haut wurde blasser. Dampfschwaden verdeckten für Momente die Schlachtergruppe. Mit einer Metalltülle fuhr der Mann über die Schwarte, schabte die Borsten weg. Schon schwammen graue Borsteninseln auf dem Wasser. Nach Plan arbeitete der Mann sich vor. Später riß er mit dem Harken der Tülle dem Schwein die Klauen weg. Das Tier war jetzt nackt.

Zu beschäftigt waren die Menschen in dem kleinen Hof, als daß sie den zuschauenden Jungen am Fenster entdeckt hätten. Hin und wieder rieb er den Hauch von der kalten Scheibe.

Das Schwein wurde mit Stricken an einer kurzen Leiter emporgezogen, die Läufe rissen auf, als dem Tier die Beine gespreizt wurden. Ein Schnitt ging von oben nach unten, gab die Gedärme frei. Verwertbares wurde gesondert gelagert. Herr Murchau reinigte Darmteile. Frau Murchau zeigte sich spendabel, reichte dem Schlachter einen Wacholder zu, goß noch einmal nach. Herr Murchau und der Mann in der Gummischürze legten eine Zigarettenpause ein.

In die leere Bauchhöhle goß der Metzger kaltes Wasser, zerschlug mit einer kleinen Axt das Brustbein und schnitt sich tiefer in die Fleischpolster längs des Rückgrats. Zwei gleiche Hälften boten sich dar.

Noch immer hielt die Leiter das aufgeklappte Tier, als der Junge später zur Schule lief.

Ingeborg schellte. Bernd hatte sie kommen sehen. Er steckte sich das Hemd in die Hose; er war dabei, sich umzuziehen. Barfuß ging er durch die Küche. Am Tisch saß seine Mutter und stopfte.

Er öffnete. Ingeborgs Augen strahlten. Bernd drückte ihr fest die Hand.

Die Frau schaute auf, versuchte die Stopfsachen von der Hand zu stülpen. Ehe sie es schaffte, hatte er Ingeborg schon weitergedrängt. Das „Guten Abend" des Mädchens enthielt einen Schuß Ironie. Ehe sie ins Zimmer trat, schaute sie noch einmal zurück. Die Frau zog schon wieder einen Faden durch das Gewebe.

Bernd umarmte Ingeborg, fester und drängender. Er spürte ihre Brust. Ingeborg wehrte sich, schob schnell ihre Handtasche zwischen sich und ihn. Bernd unterließ weitere Annäherungsversuche. Das Mädchen reichte ihm einen Zeitungsausschnitt hin, rezitierte auswendig: „Nicht Routine spricht aus den Arbeiten des Bernd F., sondern eine ausgezeichnete Beobachtungsgabe. Die Situationen sind nicht gestellt. Der junge Künstler findet seine Themen im Alltag. Er wird noch von sich reden machen." Ingeborg hatte rote Striche an den Rand gemacht und mehrere Ausrufezeichen dazu gesetzt. Säuberlich waren Datum und Zeitungsname vermerkt. Sie schaute erwartungsvoll in das Gesicht des „jungen Künstlers". Der blickte noch auf den Zeitungsausschnitt, überflog ihn noch einmal, dachte dabei an die Lesung in der Nachbargemeinde. Der Reporter hatte Wort gehalten.

Während Bernd hinausging und bei Mutter die von ihm

bezahlten Brötchen mit Aufschnitt erbat, schob das Mädchen die Bücher zur Seite, setzte sich auf die Liege.

Ingeborg zuckte mit den Schultern, als er sie nach ihrem Tagesablauf befragte. Ihr Gesicht verlor die Fröhlichkeit, wurde ernst: „Tagaus, tagein dasselbe bei dieser muffligen Alten. Nur Schrappen und Gier und Geiz. Für wen das alles?“ Bernd wollte sie vergessen lassen und zog sie zu sich heran.

Etwas schneeig war der Bildschirm im Elektrogeschäft. Ein Reporter interviewte heimkehrende Gefangene. Menschen drückten sich gegen das Schaufenster, wollten genau sehen. Vielleicht kannten sie einen dieser Männer. Ein Lautsprecher übertrug die Worte nach draußen. Die Kriegsgefangenen seien aus Swerdlowsk gekommen, erwähnte der Reporter, dessen Gesicht im Gegensatz zu dem des Gefangenen glattrasiert war. Trotz seiner gesteppten Wattejacke wirkte der Heimkehrer hager. Wo er in Gefangenschaft geraten sei, wollte der Glattrasierte wissen. „In Libau, am 8. Mai 45“, hieß die Antwort. „Danach haben wir am Eismeer in 125 Meter Tiefe Kohle abgebaut, sind später ins Straflager Workuta geraten, mit 1 500 Mann. Zwischen einheimischen Kriminellen, Mördern und Totschlägern haben wir gelebt.“ Das mit den Eisenkugeln an den Beinen konnte er nicht vergessen.

Die Menschen draußen lauschten gespannt. Die Frau hatte sich zu ihnen gesellt, sie war auf dem Nachhauseweg stehengeblieben. Ohne weiter gefragt zu werden, berichtete der Mann über seine nächsten Stationen: „In Swerdlowsk haben wir Mietskasernen aus dem Boden gestampft.“ Als die Pakete aus Deutschland gekommen seien, hätten sie Mut gefaßt. Der deutsche Lagersprecher, ein Nähmaschinenfabrikant, habe sich gerecht für alle eingesetzt. Als der in der Wattejacke den Namen Tamara erwähnte, leuchteten seine Augen auf. Sie sei Kranführerin gewesen. Der Reporter fragte schnell dazwischen, ob er noch Kontakt zu seiner Familie habe. Noch ehe die Antwort kam, flatterte der Bildschirm. Auch der Ton brach ab. Einer der Zuschauer ging ins Geschäft, sprach mit der Verkäuferin. Die zuckte die Achseln, schaltete dann das Gerät aus. Unwillig löste sich draußen die Gruppe auf.

Mutter hatte niemanden auf dem Bildschirm erkannt.

Die Frau hörte, wie Bernd und Ingeborg gingen. Sie hatte das Licht in der Küche brennen lassen. Obwohl sie sich schon früh ins Bett gelegt hatte, war sie nicht eingeschlafen. Sie zog ihr Kleid über, ging in Bernds Zimmer. Es roch süßlich im Raum nach Pfeifentabak. Sie öffnete das Fenster, nahm Tassen und Gläser vom Schreibtisch. Ein anderes Glas stand neben der Liege.

Die Frau ordnete das Durcheinander der Decken, warf ein paar Apfelsinenschalen in den Papierkorb. Bevor sie auch das Silberpapier hineinfallen ließ, versuchte sie, die Schokoladenkrümel mit ihrem angefeuchteten Zeigefinger aufzuklauben. Sie genoß die spärliche Süße.

Dann nahm sie das Handtuch von der Stehlampe. Augenblicklich hellte sich der Raum auf. Von den Flaschen stellte sie nur die leere neben die Tassen und Gläser, die anderen schob sie in den Schrank.

Die Frau spürte in sich Ärger über diese Unordnung aufkommen. Konnte Bernd Ingeborg nicht anhalten, wenigstens etwas aufzuräumen? Ingeborgs Gleichgültigkeit war ihr längst schon aufgefallen. Sie dachte an früher, an ihr Zusammensein mit Vater hinten in der winzigen Kammer unter der Bühne des Kinos. Hier war sie es, die für Ordnung sorgte. Und Vater war es recht. Auch wenn sie ihm die Strümpfe stopfte, aufgeplatzte Nähte reparierte.

Die Frau brachte das Geschirr und die leere Flasche in die

Küche, spülte schnell. Mit einem feuchten Lappen wischte sie die klebrigen Ringe vom Boden auf, verbrannte dann im Küchenofen das Abfallpapier. In der Küche suchte sie die angebissenen Scheiben Brot vom Teller, warf sie in den Eimer zu den Kartoffelschalen, die anderen Schnitten legte sie in den Kühlschrank, den ihr Bernd zu Weihnachten gekauft hatte.

Morgen wollte sie mal mit Bernd über das Aufräumen reden. Sie knipste das Licht aus, kroch zurück ins warme Bett.

Später kehrte Bernd zurück, naß geworden von einem Regenschauer.

Die Kugel polterte auf dem viaduktähnlichen Schienenaufbau zurück, machte einen Schlenker, prallte hart gegen die anderen. Die Männer vom Arbeiterverein sprachen durcheinander. Der König war gefallen.

Peterpaul beeilte sich, stellte auf Herrn Murchaus Geheiß ein neues Muster auf.

Einer der ausgelassenen Männer notierte mit Kreide den neuesten Punktestand, kehrte dann gleich wieder von der Tafel zu seinem frischgezapften Bier zurück, das ihm die nicht minder frische Kellnerin gerade gebracht hatte. Bevor sie hinter der Tür verschwand, gab er ihr einen Klaps. Sie übersah die Annäherung.

Herr Murchau hielt eine Zigarre zwischen den Lippen, pendelte mit seinem Körper vor und zurück, die Knie ließ er federn, dann sauste die Kugel los, schnurstracks auf ihr Ziel zu. Da aber rutschte sie in eine Vertiefung, schabte an der Verstrebung entlang. Der Hauswirt rief „Schade!“, nahm eine neue Kugel. Diesmal hatte er Glück, ergatterte Punkte.

Der Junge stand auf einer löchrigen Hartfaserplatte und wartete auf neue Kommandos. Der dickliche Möbelhändler hatte mehr Glück, er „räumte“ gleich auf. Der Junge brauchte jetzt nur noch den König aufzustellen, er hatte Zeit. Das spendierte Cola in der Pause schmeckte ihm. Er nuckelte wenig, teilte es sich ein. Die Männer vorne aßen Eisbein mit Sauerkraut. Qualm nebelte die Runde ein. Dem Jungen war es recht, so brauchte er nicht auf die vollen Teller zu sehen. Der Türaufschlag der Kellnerin verwehte die Schleier. Peterpaul spürte Müdigkeit, schätzte halb zwölf. Er versteckte sein Gähnen.

Eine Kugel hatte er dabehalten. Er probierte die gesehenen Stellungen aus. Als er merkte, daß die Männer ihre Pause beendeten, ließ er sie zurückrollen.

Sie warfen jetzt an einer „Hucke“, dann an einer „Stina“, schließlich wollten sie eine „Totenkiste“ schließen.

Kugeln rollten heran, warfen andere als die geschätzten Kegel um. Zu eilige Kegelbrüder kamen ins Rutschen, konnten sich aber fangen. Die am Tisch krümmten sich vor Lachen. Einer hatte einen Witz erzählt.

Sie zahlten ihre „Deckel“. Ein paar gingen hinaus, scherzten mit der Kellnerin. Herr Murchau rief den Jungen, gab ihm wie vereinbart die vier Mark. Der Junge sagte freundlich „Wiedersehen“, schließlich war Herr Murchau hier sein Mäzen, und verschwand durch einen Seitenausgang. Dort stand sein Fahrrad.

Langsam strampelte er durch die leeren Straßen. Die kühle Luft tat gut.

Daß er auf einem Plüschsofa saß, war ihm unangenehm. Die gehäkelte Tischdecke vor ihm reichte bis auf wenige Zentimeter auf den buntgemusterten echten Perserteppich, der mehr als die Hälfte des Parkettbodens bedeckte. An der tiefhängenden Leuchte bewegten sich unentwegt echte Bleikristallblätter.

Neben ihm saß Ingeborgs Vater ohne Prothese. Seine

Krücken lagen auf einem der Sessel. Bernd mußte wohl zu lange auf das zusammengefaltete Hosenbein geschaut haben. Der Mann bemerkte jedenfalls: „Das kann schnell passieren, Inge hat Ihnen bestimmt erzählt, wie es geschah.“ Bernd hatte sich in der Tat das Hosenbein angesehen, aber nur der Sicherheitsnadel wegen, die den Stoff zusammenhielt. Der Mann mußte Schmerzen haben. Er verzog seinen Mund. Manchmal bewegte sich der Beinstumpf zuckend.

„Ist Phantomschmerz“, sagte der Mann, weil er sah, daß seine Schmerzen nicht unbemerkt geblieben waren, „man meint, daß einem noch einmal das Bein abgequetscht würde. Besonders bei Wetterumschwung. Da spüre ich noch die Zehen.“

Bernd rührte den Zucker um, trank vom duftenden Bohnenkaffee. Das war also eine Beamtenwohnung. „Haben wir alles retten können. Wir hatten es rechtzeitig einlagern lassen“, sagte jetzt die Frau.

Inge saß ihm gegenüber. Sie war aufgekratzt. „Selbstgebacken“, erwähnte sie, als sie ihm ein Stückchen Kuchen auflegte, „von mir ganz allein.“

Ihre Mutter trug den Lippenstift zu dick auf. An der Tasse blieben dunkelrote Spuren zurück. Inge ärgerte sich darüber, vermied aber Anspielungen. Die Frau fragte Bernd nach seiner Familie. Er gab gern Auskunft.

Ingeborg zeigte ihm ihr Zimmer. Die Vorhänge des hohen Fensters paßten farblich zu den Tapetenmustern. Eine Spieluhr, fein geschnitzt, zog den Blick auf sich. Auch die verschiedenen Puppen. „Die ist noch von meiner Urgroßmutter“, flüsterte das Mädchen ehrfurchtsvoll. Manche der Puppen trugen Brokattrachten. Sammelalben stapelten sich in einem Regal. Bernd überflog die Titel: „Deutsches Kulturgut“. Ein vierbändiger Brockhaus und ein Duden, ein paar Märchenbücher standen daneben. Bernd hatte andere Bücher erwartet. Keine Romane, doch einige Werke zeitgenössischer Autoren. Er schenkte ihr ein Taschenbuch über Bergengruen, eingepackt und brav mit Schleife versehen. Das Mädchen öffnete es, las die Widmung: „Was wir faßten, ach, wir hielten's nicht, war's ein Schatten? War's ein Widerglanz? Schmale Trümmer hoben wir ins Licht, aber die verborgne Frucht ist ganz." „Ist nicht von mir", lächelte Bernd verlegen, als er merkte, daß die Worte Eindruck machten. Sie gaben sich einen Kuß, Ingeborg lauschte dabei zur Tür hin. Von dort verstärkte sich das dumpfe Klopfen der beiden Krücken.

„Was gefangen?" fragte der Junge den Grauhaarigen im verwaschenen Overall. Der an der Kanalböschung brummelte die Antwort mürrisch vor sich hin: „Grad erst gekommen", schaute dabei den Fragenden nicht an. Der Junge wußte, daß die Antwort Lüge war, die Antwort der meisten Angler, die noch nichts gefangen hatten.

Er hockte sich nieder, schaute dabei dem Mann von der Seite aus zu. Der kümmerte sich mehr um den Plastikschwimmer als um den Angekommenen. Der Schwimmer draußen machte die Wellenbewegungen mit. Erst als der Mann die Schnur einholte, blickte er den Jungen an. Der Köder war weg. Er spießte einen Wurm aus der rostigen Konservendose auf. Dabei klimperten die Blinker wie Glöckchen an einem Weihnachtsbaum.

Er holte weit aus, die Angelschnur hinterließ für Momente eine feine Spur. Erst wippte der Schwimmer nervös, dann kam er zur Ruhe. Nebenan lehnte das Fahrrad des Alten. Die Werkzeugtasche stand offen. Zange und Draht schauten heraus.

Der Mann trug eine Wehrmachtsmütze, an der das Hakenkreuz weggekratzt worden war. Die Spuren waren noch zu erkennen.

Ein Dampfer stampfte heran. Der Angler zog die Schnur

ein. „Püttmann?“ fragte der Junge. Der andere nickte: „Nachtschicht gehabt.“ Peterpaul wollte weiterfragen, da kippte der Schwimmer aus seinem Gleichgewicht. Der Mann kurbelte flink noch mehr Schnur zurück. Ein Fisch zappelte an der Oberfläche.

„Ein Rotauge, aber viel zu klein“, sagte der Mann, dabei griff er mit den Fingern nach dem Tier, ein Ruck mit den Händen, es war frei. „Komm in ein paar Monaten wieder.“

Ausdauernd zog der Dampfer seine Kähne vorüber. Der Wellenkeil färbte die Bruchsteine dunkel.

Die Schnur schnellte wieder ins Wasser zurück, mit einem neuen Köder, einer Made. Der Grauhaarige warf eine Handvoll gequollener Weizenkörner hinterher. „Zum Anlocken“, erklärte er beiläufig.

Noch einmal deutete der Junge auf die Mütze, wollte wissen, ob der Mann im Krieg gewesen sei. Die Antwort war ein kurzes Nicken. Er besäße noch eine, aus dem ersten Krieg. „Bin bei den Materialschlachten an der Somme dabeigewesen, das war ein Hinmetzeln.“ Dann: „Im Zweiten Weltkrieg war ich in Tunesien, bei Rommel, Panzerfahrer.“

Er blieb wieder still, mochte noch nicht weitererzählen. Zudem schwappte der rote Schwimmer nach unten. Die Angel bog sich durch beim Schnureinziehen. Es konnte ein großer Brocken sein.

Es war ein Karpfen. Der Alte schmunzelte. Das Tier zappelte in seinen Händen, schlug um sich. Mit Daumen und Zeigefinger drückte der im Overall gegen die Kiemen. Der Fisch schnappte nach Luft, öffnete sein Maul. Beim Ausfädeln entdeckte der Alte den kleinen Fisch von vorhin wieder. „Hast mich wohl gern gehabt“, sprach er vor sich hin, „nun bist du tot.“ „So geht es auch uns“, meinte der Mann, „fressen und gefressen werden.“

Als der Mann sein Klappmesser in den Leib des Karpfens stach, sah der Junge die schwarzen Narben auf den Handrücken, Narben von Verbrennungen.